Oliver Hissek • Wolfram Kautzky

MEDIAS IN RES!

Schularbeitentraining

für die ersten beiden Latein-Lernjahre

VERITAS
Gemeinsam besser lernen

Salve!

Das Wort „Schularbeit" zählt wahrscheinlich nicht gerade zu deinen Lieblingsvokabeln. Trotzdem sind wir überzeugt, dass du diesbezüglich bald freudige Gefühle entwickeln wirst – spätestens dann, wenn du dank des Übens mit diesem Buch bei den „richtigen" Schularbeiten gute Noten bekommen wirst ... ☺ Wenn du vor jeder Schularbeit ein bis zwei Schularbeiten zu den in Frage kommenden Lektionen übersetzt, wirst du rechtzeitig draufkommen, welche Defizite du noch hast. Und wenn du anschließend die fehlenden Stoffgebiete (Vokabel, Formen, Syntax, Sachfragen) wiederholst, sollte dann bei der „Echt-Schularbeit" nichts mehr schiefgehen!

Bevor du mit dem Üben startest, ein paar Vorbemerkungen:

- Du kannst dieses Buch sowohl für das **vierjährige** (**L4**) als auch für das **sechsjährige Latein** (**L6**) verwenden. Da die Lehrbuch-Kapitel 1 bis 13 in beiden *Medias In Res!*-Ausgaben identisch sind, sind die jeweils zwei Probeschularbeiten **bis Lektion 13** sowohl für **L4** als auch **L6** geeignet.
- **Ab Lec. 14** hängt es davon ab, ob du in der Schule „Langlatein" (sprich: sechs Lernjahre, **L6**) oder „Kurzlatein" (sprich: vier Lernjahre, **L4**) absolvierst: Auf der linken Seite (Schularbeit A) findest du jeweils eine Schularbeit zu **L6**, auf der rechten Seite (Schularbeit B) eine zu **L4**.
- **Ab Lec. 31** folgen für **L6**, analog zum Lehrbuch, weitere zehn Lektions-Schularbeiten (Lec. 31–40), die nach dem üblichen Schema aufgebaut sind.
  Für **L4** ist laut Lehrplan hingegen vorgesehen, dass bereits im 2. Semester des zweiten Lernjahres (= im 2. Semester der 6. Klasse) „zumindest die letzte Schularbeit als Schularbeit der Lektürephase zu gestalten ist"[1], also mit Übersetzungstext und Interpretationstext. Deshalb stellen wir dir ab Seite 73 eine **komplette Probeschularbeit** für das Einstiegsmodul „Schlüsseltexte aus der europäischen Geistes- und Kulturgeschichte" zur Verfügung.
- **NEU:** Unter dem Motto „Übersetzen üben" findest du auf den Seiten 68–72 insgesamt zehn nicht allzu schwere Originaltexte, mit denen du dich auf die ersten Originaltext-Schularbeiten vorbereiten kannst.

Und nun noch einige Infos zur **Gestaltung der Schularbeiten** zu den Lec. 5–30 (bzw. 40):

- Jede Schularbeit besteht, wie im Lehrplan vorgesehen, aus einem Übersetzungstext (ÜT) und Arbeitsaufgaben (AA)[2]. Die Gewichtung beträgt 70:30 % (= 42 Punkte für den ÜT, 18 Punkte für die AA); ab Lektion 36 lautet das Verhältnis 60:40 % (= 36 Punkte ÜT, 24 Punkte AA)[3].
- Die Bewertung der Übersetzung (ÜT) nimmt üblicherweise die Lehrerin / der Lehrer nach dem dir wahrscheinlich bereits aus dem Unterricht bekannten Punktesystem (Punkte für Sinnerfassung und Stil sowie „Checkpoints") vor. Da diese Checkpoints individuell ausgewählt werden, findest du in den Lösungen die komplette Übersetzung des Textes, aber keine Checkpoint-Liste.
- Bei den Arbeitsaufgaben (AA) stimmen die Punkte in der Regel mit der Anzahl der Lücken und Leerzeilen überein – hier kannst du also ganz leicht selbst errechnen, wie viele Punkte du erreicht hast.

Übrigens beziehen sich die AA in der Regel nicht konkret auf den ÜT, sondern ganz allgemein auf Inhalte der jeweiligen *MIR*-Lektion (Lektionstext, „De Romanis"/ „De Graecis", Proverbia, Grammatik).

Und zu guter Letzt: Falls du tatsächlich **Lösungen** brauchen solltest, findest du sie auf www.scook.at als Gratis-Material. Du musst dich nur einloggen und *Medias in Res! Schularbeitentraining* ins Suchfenster eingeben.

Viel Erfolg mit diesem Buch wünschen dir

Wolfram Kautzky und Oliver Hissek

---

1 Siehe „Consensus" (Rechtsgrundlagen und Leitlinien zur kompetenzorientierten Leistungsfeststellung und Leistungsbeurteilung in den klassischen Sprachen Latein und Griechisch, Stand September 2014), S. 32.

2 Die Wortanzahl beträgt bei einstündigen Schularbeiten im Elementarunterricht 70–100 Wörter. Dazu zählen nicht nur die Wörter im ÜT, sondern auch alle lateinischen Wörter und Formen, die bei den AA übersetzt, bestimmt, ergänzt oder gebildet werden müssen.

3 Laut „Consensus" (siehe Fußnote 1, S. 33) soll „im Übergang zur Lektürephase ... die Gewichtung der Arbeitsaufgaben auf 40% erweitert werden."

I. ÜBERSETZUNGSTEXT (79 Wörter) 42 P.

De magistro discipulisque

Magnum est gaudium puerorum puellarumque, quod cum magistro per vias Romae ambulant. Dum[1] in foro Romano templa deorum spectant, magister de vita Romanorum narrat. Postremo Quintus „Licetne nobis", inquit, „nunc thermas[2] intrare? Ibi otium meum agere[3] in animo habeo." Tum magister ridet neque discipulis pensum dat[4]. Sed pueros monet: „Quamquam[5] vobis placet in aquam saltare[6], non licet alios viros terrere!" Pueri clamant: „Quis vestrum, puellae, nobiscum venit[7]?" Sed puellae ad amphitheatrum[8] properare malunt[9], ubi spectacula exspectant.

[1] dum: „während"
[2] thermae,-arum f. (Pl.): „Thermen", „Bad"
[3] agere (Infinitiv): „verbringen"
[4] dat: „er/sie gibt"
[5] quamquam: „obwohl"
[6] saltare 1: „springen"
[7] venit: „er/sie kommt"
[8] amphitheatrum,-i n.: „Amphitheater"
[9] malunt: „sie wollen lieber"

II. ARBEITSAUFGABEN 18 P.

1. Bilde die gesuchten Formen und übersetze sie! 8 P.

a. vir (3. Fall Pl.): ______________ = ______________
b. oppidum (4. Fall Pl.): ______________ = ______________
c. exspecto (2. Person Pl.): ______________ = ______________
d. video (1. Person Pl.): ______________ = ______________

2. Setze die fehlenden Pronomina ein! 4 P.

1. Person	2. Person
ego	
	tibi
	tecum
meus	

3. Vervollständige die folgenden Sätze! 4 P.

a. Das Kolosseum hieß ursprünglich ______________. Seinen heutigen Namen hat es von ______________.
b. Die Aquädukte dienten dazu, ______________.
c. Typisches Merkmal eines Aquädukts ist ______________.

4. Was versteht man unter dem Begriff „SPA"? Für welche lateinischen Worte steht die Abkürzung? 2 P.

____

____

I. ÜBERSETZUNGSTEXT (89 Wörter) 42 P.

De amicis Gai

Quintus post scholam ad forum properat, ubi Gaium ante statuam sedere videt. Quintus laetus est ridetque: „Cur hic me exspectas, Gai?" Tum Gaius respondet: „Non te, sed amicas meas exspecto."

Quintus: „Mihi quoque placet cum puellis pulchris per vias fori ambulare. Licetne mihi vobiscum ambulare?"

Gaius ad Quintum: „Minime, amice! Nam[1] certe puellis magis[2] placet mecum quam tecum otium peragere[3]."

Postremo amicae Gaii veniunt[4]. „Salvete, pueri!", clamant. „Bene est, quod[5] vos videmus! Nam[1] otium non habemus: Marcus et Iulius, nostri amici novi, nos iam domi[6] exspectant."

[1] nam: „denn", „nämlich"
[2] magis: „mehr"
[3] peragere 3: „verbringen"
[4] veniunt: „(sie) kommen"
[5] quod: hier: „dass"
[6] domi: „zu Hause"

II. ARBEITSAUFGABEN 18 P.

1. Setze die in Klammer stehenden Nomina im richtigen Fall und in der angegebenen Zahl ein! 3 P.

a. sine ______________________ (gladius, Pl.)
b. ex ______________________ (aedificium, Sg.)
c. pro ______________________ (amica, Sg.)

2. Setze alle Satzglieder in die andere Zahl! 4 P.

Narrate mihi de spectaculis, discipuli! → ______________________________________

3. Ringle ein, ob die Aussage richtig (R) oder falsch (F) ist! 3 P.

a. Der Vokativ ist im Lateinischen immer gleich dem Nominativ.	R	F
b. Alle lateinischen Nomina mit sächlichem Geschlecht haben im Nominativ und im Akkusativ Plural die Endung „-a".	R	F
c. Der Imperativ ist die Befehlsform. Man erkennt ihn an der Endung „-re".	R	F

4. Gib zu den folgenden englischen Wörtern jeweils das zugrunde liegende lateinische Vokabel in der Lexikonform (= Form, wie sie im Vokabelverzeichnis steht) und dessen Übersetzung an! 3 P.

a. language: ______________________________________
b. enter: ______________________________________
c. library: ______________________________________

5. Ergänze die folgenden Sätze! 5 P.

a. Unter einem „rhetor" verstand man in Rom einen ______________________.
b. Unter einem „stilus" verstanden die Römer einen ______________________.
Er wurde verwendet, um auf ______________________ zu schreiben.
c. Die Erfinder der Gladiatorenkämpfe waren nicht die Römer selbst, sondern die ______________.
Ursprünglich dienten die Kämpfe nicht zur Unterhaltung, sondern zur ______________________
______________________.

I. ÜBERSETZUNGSTEXT (76 Wörter) 42 P.

Marcus Barbaram et Claudiam salutat.[1]

Epistula[2] vestra me maxime delectat. Gaudeo, quod nunc in Italia[3] esse possum. Quam pulchra est Roma! Interrogatis fortasse[4]: „Marce, quid ibi tam diu agitas[5]? Num semper templa clara spectas?"

Certe forum Romanum specto, ubi templa magnifica et alia aedificia clara sunt. Sed etiam multum aliud hic facere[5] possum: Spectacula video et per vias pulchras ambulo, sed in thermis[6] esse mihi maxime placet. Amicae, properate in Italiam[3] pulchram, si vobis otium est!

[1] salutare 1: „grüßen"
[2] epistula,-ae f.: „Brief"
[3] Italia,-ae f.: „Italien"
[4] fortasse: „vielleicht"
[5] facere M: „machen"
[6] thermae,-arum f. (Pl.): „Thermen", „Bad"

II. ARBEITSAUFGABEN 18 P.

1. Setze die folgenden Verba in den Singular (in derselben Person)! 4 P.

a. superamus: ____________ c. possunt: ____________
b. sedetis: ____________ d. estis: ____________

2. Bilde die gesuchten Formen und übersetze sie! 6 P.

a. deus (3. F. Sg.): ____________ = ____________
b. annus (2. F. Pl.): ____________ = ____________
c. tu (3. F.): ____________ = ____________

3. Setze die fehlenden Namen in den Lückentext ein! 4 P.

Mars – Numitor – Rhea Silvia – Venus

Äneas, der Sohn der ____________, floh aus dem zerstörten Troja und kam nach langen Irrfahrten nach Italien. Seine Nachfahren erbauten und regierten die Stadt Alba Longa. Einer dieser Nachfahren, Procas, vermachte die Herrschaft seinem älteren Sohn ____________. Doch der jüngere Sohn Amulius entriss seinem Bruder die Herrschaft und machte dessen Tochter ____________ zur Vestalin. Dennoch bekam sie Kinder (angeblich von ____________), und zwar Romulus und Remus.

4. Trage die Unterschiede zwischen Papyrus und Pergament in die Tabelle ein! 4 P.

	hergestellt aus:	Form des daraus hergestellten Buches:
Papyrus		
Pergament		

I. ÜBERSETZUNGSTEXT (77 Wörter) 42 P.

De Romulo Remoque

Magister discipulos interrogat: „Quis vestrum mihi de Romulo narrare potest? Quinte, potesne?" Quod Quintus minime narrare potest, Gaius pro amico respondet:

„Amulius[1] Romulum et Remum, filios Rheae Silviae[2], in aqua exponit[3]. Sed lupa[4] liberos parvos videt et secum portat. Multis annis post Romulus Remusque Amulium[1] necant. Deinde oppidum novum magnificumque aedificare in animo habent. Dum[5] autem Romulus vallum[6] oppidi novi aedificat, Remus appropinquat et de vallo[6] parvo ridet. Itaque Romulus iratus Remum gladio necat."

[1] Amulius,-i m.: „Amulius" (Onkel von Romulus und Remus)
[2] Rhea (-ae) Silvia (-ae) f.: „Rhea Silvia"
[3] exponit: „er setzt aus"
[4] lupa,-ae f.: „Wölfin"
[5] dum: „während"
[6] vallum,-i n.: „Wall", „Schutzmauer"

II. ARBEITSAUFGABEN 18 P.

1. Bestimme jeweils den Fall und übersetze! (Einmal gibt es zwei Möglichkeiten.) 4 P.

a. nobis: ____________________ c. vos: ____________________

b. secum: ____________________ ____________________

2. Bilde die beiden Imperative und den Infinitiv! 6 P.

	Imperativ Sg.	Imperativ Pl.	Infinitiv
maneo			
propero			

3. Welche Merkmale kennzeichnen Theater und Amphitheater? Kreuze jeweils die richtige Spalte an! 4 P.

	Theater	Amphitheater
halbrunde Form		
Aufführungsort von Komödien		
griechischer Ursprung		
bei den Römern besser besucht		

4. Nenne zumindest vier Einrichtungen, die sich in den antiken Thermen befanden! 4 P.

____________________ ____________________

____________________ ____________________

I. ÜBERSETZUNGSTEXT (82 Wörter) 42 P.

De lectione[1] Latina Magister linguae Latinae appropinquat. Discipuli iam gaudent, quod cum magistro semper multum de Romanis legunt. Magister intrat dicitque: „Quis vestrum nobis de Romulo Remoque narrare potest?" Nunc Iulia multis verbis de filiis Rheae Silviae[2] narrat; subito magister clamat: „Alexander, dormisne[3]?" – „Minime dormio[3]!", puer respondet. „Verba Iuliae audire mihi placet." Deinde discipuli magistro pensa sua monstrant. Pensa Latina semper magno cum gaudio faciunt[4]. Claudia dicit: „Pensa Latina amamus!" Itaque magister pueros puellasque penso magno delectat. Quam laeti discipuli nunc sunt!	[1] lectio,-onis f.: „Unterrichtstunde" [2] Rhea (-ae) Silvia (-ae) f.: „Rhea Silvia" [3] dormire 4: „schlafen" [4] facere M: „machen"

II. ARBEITSAUFGABEN 18 P.

1. Bilde jeweils die in Klammer angegebene Form und übersetze sie! 6 P.

a. capio (3. P. Pl.): ______________ = ______________
b. tolero (2. P. Sg.): ______________ = ______________
c. sum (Infinitiv): ______________ = ______________

2. Ergänze den folgenden Text! 6 P.

Beim Ablativ stehen folgende Präpositionen: ______________________.
Beim Akkusativ oder Ablativ stehen die Präpositionen ______________________,
und zwar auf die Frage „__________" der Akkusativ und auf die Frage „__________" der Ablativ.

3. Wie soll Romulus gestorben sein, wie Remus? 2 P.

____

____

____

4. Ringle ein, ob die Aussage richtig (R) oder falsch (F) ist! 4 P.

a. Auf dem Forum gab es mehrere Markthallen.	R	F
b. Die „Rostra" ist das einzig vollständig erhaltene Gebäude des Forums.	R	F
c. Der Eintritt zu den Gladiatorenkämpfen war sehr teuer.	R	F
d. In den größten Thermen konnten maximal 300 Menschen zugleich baden.	R	F

I. ÜBERSETZUNGSTEXT (80 Wörter) 42 P.

Romani sibi feminas parant

Romulus et Remus oppidum novum aedificare in animo habent. Primo[1] autem auspicia[2] deorum spectant. Remus sex vultures[3] videt, Romulus duodecim. Itaque Romulus dicit: „Videsne consilium deorum? Mihi solum in oppido novo regnare licet!"

Nonnullis annis post Romulus in oppido magnifico regnat. Multi viri ibi habitant, sed viris feminae non sunt. Ita Romulus consilium capit: Viri Romani filias populi vicini[4] rapiunt. Primo[1] feminae resistunt[5], deinde autem secum cogitant: „Romani viri boni sunt. Itaque libenter apud Romanos manemus."

[1] primo: „zuerst"
[2] auspicium,-i n.: „Vorzeichen"
[3] vultures (Pl.): „Geier"
[4] vicinus/a/um: „benachbart"
[5] resistere 3: „Widerstand leisten"

II. ARBEITSAUFGABEN 18 P.

1. Bilde die gesuchten Formen und übersetze sie! 6 P.

a. contendo (Imperativ Sg.): ______________ = ______________

b. paro (Imperativ Pl.): ______________ = ______________

c. rapio (2. P. Pl.): ______________ = ______________

2. Setze alle Satzglieder in den Plural! 3 P.

Populus bellum gerit. → ______________

3. Übersetze ins Lateinische! 4 P.

a. in der Stadt: ______________

b. aus der Stadt: ______________

c. ins Wasser: ______________

d. unter dem Wasser: ______________

4. Setze die richtigen Zahlen ein! 3 P.

a. Romulus gründete Rom angeblich im Jahre ______________.

b. Die Stadt lag später auf __________ Hügeln.

c. Nach Romulus regierten __________ weitere Könige die Stadt.

5. Erkläre, wie die Automarke Audi zu ihrem Namen gekommen ist! 2 P.

____

____

____

____

____

____

____

____

____

____

____

Das Horchomobil

I. ÜBERSETZUNGSTEXT (77 Wörter) 42 P.

De consilio bono

Claudia et Iulia hora secunda ad scholam contendunt. Dum scholae appropinquant, Claudia amicam interrogat: „Habesne pensum Latinum tecum?“ „Neque pensum Latinum neque alia pensa habeo“, Iulia respondet. „Quid facere possumus? Magister certe iratus est.“ Deinde Iulia secum cogitat: „Num necesse est semper in scholam venire?“ Quod amica quoque iram[1] magistri timet, consilium bonum capiunt: In thermas[2] properant et paulo post in aqua sunt. Quam magnificae sunt thermae[2]! Tres horas puellae ibi manent maximeque gaudent.

[1] ira,-ae f.: „Zorn“

[2] thermae,-arum f. (Pl.): „Thermen“, „Bad“

II. ARBEITSAUFGABEN 18 P.

1. Setze die folgenden Verba in den Singular bzw. Plural (in derselben Person)! 4 P.

a. facit: ____________ c. expello: ____________

b. relinquunt: ____________ d. potestis: ____________

2. Übersetze ins Lateinische! 2 P.

a. in der fünften Stunde: ____________

b. fünf Stunden lang: ____________

3. Ringle jeweils die richtige Aussage ein! 4 P.

a. Alle lateinischen Grundzahlwörter/Ordnungszahlwörter kann man deklinieren.

b. Die konsonantische und die Mischkonjugation unterscheiden sich durch die 3. P. Pl./den Imperativ Sg.

c. Der Imperativ Sg. der Mischkonjugation endet auf „-i“ / „-e“.

d. Bei der Form „nostrum“ handelt es sich um den Akkusativ/Genetiv von „nos“.

4. Setze die fehlenden Wörter ein! 6 P.

a. Die letzten römischen Könige stammten aus dem Volk der ____________.

b. Nach der Vertreibung des Königs ____________ wurde Rom zur Republik.

c. In den Ständekämpfen erstritten sich die ____________ ihre politischen Rechte.

d. Die ____________ hatten die Aufsicht über das Staatsvermögen.

e. Die ____________ hatten ein Einspruchsrecht gegen die Senatsbeschlüsse.

f. In Notsituationen konnte ein ____________ zum Oberbefehlshaber ernannt werden.

5. Was versteht man – im Zusammenhang mit der römischen Verfassung – unter den Prinzipien der „Annuität“ und der „Kollegialität“? 2 P.

a. Annuität: ____________

b. Kollegialität: ____________

I. ÜBERSETZUNGSTEXT (78 Wörter) 42 P.

De filiis Sabinorum[1]

Romulus, filius Rheae Silviae[2], cum multis aliis viris Romam aedificat. Nonnullos annos laborant, tum in oppido novo habitare possunt. Quod autem Romanis feminae non sunt, Romulus consilium capit. Viros ad se vocat dicitque: „Romani, videte oppidum tam pulchrum! Sed in oppido pulchro etiam feminae familiaeque habitare debent[3]. Itaque feminas rapere necesse est!"

Romani parent et filias Sabinorum[1], populi alieni, rapiunt domumque portant. Quod feminis Roma et viri Romani maxime placent, libenter in oppido magnifico manent.

[1] Sabini,-orum m. (Pl.): „die Sabiner"
[2] Rhea (-ae) Silvia (-ae) f.: „Rhea Silvia"
[3] debere 2: „müssen"

II. ARBEITSAUFGABEN 18 P.

1. Bilde die gesuchten Formen und übersetze sie! 8 P.

a. resisto (3. P. Sg.): ____________ = ____________
b. paro (2. P. Pl.): ____________ = ____________
c. facio (3. P. Pl.): ____________ = ____________
d. venio (Imperativ Sg.): ____________ = ____________

2. Setze die richtigen Zahlwörter ein! 3 P.

a. Duo et tres sunt ____________.
b. Unus et sex sunt ____________.
c. Octo et ____________ sunt duodecim.

3. Ringle ein, ob die Aussage richtig (R) oder falsch (F) ist! 5 P.

a. Frauen hatten in Rom kein Wahlrecht.	R	F
b. Der Senat hatte keine Befehlsgewalt.	R	F
c. Die Prätoren hatten die Aufsicht über die öffentlichen Bauten.	R	F
d. Die Konsuln konnten einen Diktator ernennen.	R	F
e. Man musste mindestens 43 Jahre alt sein, um Konsul werden zu können.	R	F

4. Was bedeutet unser Begriff „dezimieren"? Erkläre, wie das Wort zu dieser Bedeutung gekommen ist! 2 P.

____
____

I. ÜBERSETZUNGSTEXT (78 Wörter) 42 P.

De anseribus[1] sacris

Ut apud nonnullos auctores[2] Romanos legimus, Galli Romam expugnare constituunt. Quamquam multa aedificia delent multosque homines necant, oppidum totum[3] occupare non possunt. Nam nonnullis Romanis in Capitolium[4] fugere licet.

Galli, quod Capitolium[4] expugnare non possunt, consilium capiunt: „Si Romani bene dormiunt, Capitolium[4] ascendere possumus." Paulo post arma sua capiunt, et alius post alium clam castra relinquit.

Tamen Galli auxilio deorum carent: Nam dum milites Romani dormiunt, anseres[1] Iunoni sacri Gallos expellunt et ita Romanos servant.

[1] anser,-eris m.: „Gans"
[2] auctor,-oris m.: „Autor", „Schriftsteller"
[3] totus/a/um: „ganz"
[4] Capitolium,-i n.: „Kapitol" (einer der sieben Hügel Roms)

II. ARBEITSAUFGABEN 18 P.

1. Bilde jeweils den nächstfolgenden Fall und übersetze die neue Form! 6 P.

a. clamoris: ____________________ = ____________________
b. vocum: ____________________ = ____________________
c. nomini: ____________________ = ____________________

2. Setze das Fragepronomen im richtigen Fall ein! 3 P.

a. ____________________ hic exspectas? c. ____________________ Roma non placet?
b. ____________________ ibi sedet?

3. Erkläre die folgenden Fremdwörter und gib an, von welchen lateinischen Wörtern sie sich ableiten! (Beispiel: Lektüre = „das, was man liest" → von legere 3) 4 P.

Fremdwort	Bedeutung	lat. Grundwort + Formen
a. glorreich		
b. Relikt		

4. Ergänze die folgenden Sätze! 5 P.

a. Der Tod der Lucretia führte dazu, dass Rom von einer ____________________ zur ____________________ wurde.
b. Unter den Ständekämpfen versteht man die Auseinandersetzung der Plebejer mit den ____________________.
c. Von den römischen Beamten waren die ____________________ für die Rechtsprechung zuständig.
d. Der Monatsname „Dezember" erklärt sich daraus, dass ____________________ ____________________.

I. ÜBERSETZUNGSTEXT (83 Wörter) 42 P.

De Lucio Cincinnato[1]

Quod Aequi[2] Romam oppugnant, senatores[3] nuntios ad Lucium Cincinnatum[1], virum clarum, mittere constituunt. Nuntii dicunt: „Salve, Cincinnate! Audi nos! Senatores[3] te dictatorem[4] dicere[5] in animo habent, quod nemo[6] nostrum Aequos[2] superare potest. Adiuva populum Romanum! Solum auxilio tuo Aequos[2] expellere possumus."

Cincinnatus[1] non resistit et statim cum nuntiis in oppidum contendit. Paulo post dictator[4] in forum Romanum venit populoque dicit: „Romani, arma capite et pugnate!" Magno cum clamore milites oppidum relinquunt et diu summa virtute[7] pugnant. Postremo Romani Aequos[2] expellunt.

[1] Lucius (-i) Cincinnatus (-i) m.: „L. Cincinnatus" (röm. Adeliger)
[2] Aequi,-orum m. (Pl.): „die Äquer" (Nachbarvolk der Römer)
[3] senator,-oris m.: „Senator"
[4] dictator,-oris m. : „Diktator"
[5] dicere 3: hier: „ernennen zu …"
[6] nemo: „niemand"
[7] virtus,-utis f.: „Tapferkeit"

II. ARBEITSAUFGABEN 18 P.

1. Bilde die gesuchten Formen und übersetze diese! 6 P.

a. nox (3. Fall Sg.): ______________ = ______________
b. flumen (2. Fall Pl.): ______________ = ______________
c. canis (4. Fall Pl.): ______________ = ______________

2. Kreuze jeweils das Nomen an, das in einem anderen Fall bzw. einer anderen Zahl als die übrigen drei steht! 5 P.

☐ cani	☐ noctis	☐ flumen	☐ vocum	☐ nomina
☐ militi	☐ vocis	☐ clamorem	☐ exemplum	☐ gloria
☐ populi	☐ nominis	☐ militum	☐ servum	☐ flumina
☐ flumini	☐ castris	☐ nuntium	☐ auxilium	☐ consilia

3. Ergänze die fehlenden Wörter! 6 P.

a. Von SW-Deutschland ausgehend breiteten sich die Gallier nach Westen bis ______________ und nach Osten bis ______________ aus.
b. Die Kelten errichteten auf dem Gebiet des heutigen Österreich das Königreich ______________.
c. Als die Gallier Rom erobern, flüchten die Römer auf ______________. Trotz Hungers schlachten sie die ______________ nicht, da sie der ______________ heilig sind.

4. Übersetze ins Lateinische: „Der Name ist Vorzeichen." 1 P.

______________________________.

I. ÜBERSETZUNGSTEXT (78 Wörter)

42 P.

De Romanorum hostibus

Saeculo[1] quarto populus Romanus magno in timore est: Galli patriam suam relinquunt et Romam oppugnant. Magnam urbis partem occupant, solum Capitolium[2] expugnare non possunt. Postremo, quod magnam copiam auri[3] accipiunt, domum contendunt.

Multis annis post hostis novus Romanos terret: Hannibal[4], imperator summa virtute, bellum in Italia[5] gerere audet et copias Romanorum nonnullis pugnis vincit. Deinde Romam oppugnare constituit. Dum castra ad urbem facit, clamorem hominum audit: „Hannibal[4] iam ante portas est! Quis nos nunc adiuvat?"

[1] saeculum,-i n.: „Jahrhundert"

[2] Capitolium,-i n.: „Kapitol" (einer der sieben Hügel Roms)

[3] aurum,-i n.: „Gold"

[4] Hannibal,-alis m.: „Hannibal"

[5] Italia,-ae f.: „Italien"

II. ARBEITSAUFGABEN

18 P.

1. Setze die folgenden Nomina in den Singular (im selben Fall)! 5 P.

a. honorum: ______________________

b. de vocibus: ______________________

c. exemplis: ______________________

d. flumina: ______________________

e. horas: ______________________

2. Ringle ein, ob die Aussage richtig (R) oder falsch (F) ist! 4 P.

a. Den Stamm eines Wortes der dritten Deklinationsklasse kann man im Nominativ Sg. erkennen.	R	F
b. Konsonantenstämme und Mischstämme unterscheiden sich durch den Akkusativ Sg.	R	F
c. Der Akkusativ Plural von „mare" lautet „maria".	R	F
d. Alle Nomina der i-Stämme enden im Ablativ Sg. auf „-i".	R	F

3. Mit welchen Worten machten Römer vor ihren Häusern auf einen (möglicherweise bissigen) Hund aufmerksam? 1 P.

____

4. Setze die fehlenden Begriffe ein! 5 P.

In der römischen Republik hatten die ______________________ den Oberbefehl über das Heer. Sie wurden von ______________________ gewählt und vom ______________________ beraten. In besonderen Krisenzeiten wurde ein ______________________ für maximal ____________ Monate zum Oberbefehlshaber ernannt.

5. Beantworte die folgenden Fragen: 3 P.

a. Mit welcher Taktik konnten die Römer Hannibal besiegen?

____

b. Welches Gebiet nahmen die Römer den Karthagern im 1. Punischen Krieg ab?

____

c. Was geschah im 3. Punischen Krieg?

____

I. ÜBERSETZUNGSTEXT (81 Wörter) 42 P.

De hora pulchra

Hora secunda magister appropinquat. Ante portam nullum clamorem discipulorum audit. Intrat et magna voce dicit: „Salvete, discipuli!" Pueri puellaeque iam ad sedes[1] suas sunt neque clamare ridereque audent. Magister nunc bona discipulorum pensa spectat laudatque. Discipuli dicunt: „Nemo[2] nostrum pensa Latina facere non amat." Diu magister laetus docet, tum tinnitum[3] audit – sed tinnitus horologii[4] excitatorii est. Magister tum secum cogitat: „De pulchra hora Latina solum somniavi[5]. Nunc in scholam contendere necesse est, ubi me clamor discipulorum certe exspectat."

[1] sedes,-is f.: „Platz"

[2] nemo: „niemand"

[3] tinnitus (Gen.: -us): „das Läuten"

[4] horologium (-i) excitatorium (-i): „Wecker"

[5] somniavi: „ich habe geträumt"

II. ARBEITSAUFGABEN 18 P.

1. Bestimme Fall und Zahl und übersetze! 6 P.

a. urbium: ______________ = ______________

b. vocum: ______________ = ______________

c. gaudium: ______________ = ______________

2. Setze alle Satzglieder in den Singular! 4 P.

Milites naves hostium delent. → ______________

3. Gib zu den Fremdwörtern jeweils das zugrunde liegende lateinische Vokabel in der Lexikonform (= Form, wie sie im Vokabelverzeichnis steht) und dessen Übersetzung an! 3 P.

a. Patriot: ______________

b. Partei: ______________

c. Marine: ______________

4. Ergänze die fehlenden Wörter! 5 P.

a. Im 2. Punischen Krieg (Ende des ________ Jh. v. Chr.) erlitten die ______________ am Trasimenischen See eine empfindliche Niederlage.

b. Als sich das Heer der Karthager Rom näherte, sollen die Römer ausgerufen haben: ______________.

c. Weil Scipio die Karthager in ihrer Heimat besiegt hatte, erhielt er den Beinamen ______________.

d. Hannibal starb durch ______________.

I. ÜBERSETZUNGSTEXT (82 Wörter) 42 P.

De Europa[1]

Europa[1], filia regis clari, cum aliis puellis in litore ludit. Tum multi boves[2] ad eundem locum veniunt. Inter eos boves[2] etiam magnus taurus summae pulchritudinis est. „Spectate eum taurum pulchrum!", Europa[1] clamat. Deinde sine timore ad taurum appropinquat; ne tangere quidem taurum timet et postremo in eius tergo[3] sedet. Taurus autem cum virgine litus relinquit et per mare fugit.

Amicae Europae[1] regi statim de eo tauro narrant. Rex filium, virum magna virtute, ad se vocat et ei imperat: „Quaere[4] Europam[1]!"

[1] Europa,-ae f.: „Europa"
[2] bos, bovis m.: „Rind"
[3] tergum,-i n.: „Rücken"
[4] quaerere 3: „suchen"

II. ARBEITSAUFGABEN 18 P.

1. Setze die richtigen Formen von „idem/eadem/idem" vor die folgenden Nomina und übersetze! 8 P.

a. ____________ amicam: ______________________________

b. ____________ regi: ______________________________

c. ____________ corpus: ______________________________

d. ____________ montium: ______________________________

2. Übersetze in gutes Deutsch! 4 P.

a. vir summo honore: ______________________________

b. filius quinque annorum: ______________________________

3. Ergänze den folgenden Text! 4 P.

Merkur (griech. ____________) ist erkennbar an seinem ____________ Helm. Er dient seinem Vater Jupiter als ____________. Er ist auch Gott der ____________.

4. Wie heißt der Segen, den der Papst zu Weihnachten und Ostern spendet (lat. + dt.)? 2 P.

____

I. ÜBERSETZUNGSTEXT (80 Wörter) 42 P.

De Hamilcare[1]

Bello Punico[2] primo Carthaginienses[3] Siciliam[4] amittunt, quod Romani copiis suis eam insulam occupant. Deinde Carthaginienses[3] Hamilcarem[1], imperatorem summa virtute, in Hispaniam[5] mittunt. Priusquam[6] patriam relinquit, Hannibalem[7], filium novem annorum, ad se vocat interrogatque: „Placetne tibi mecum in castra venire?" „Libenter tecum venio", puer sine timore respondet. Ita Hamilcar[1] cum filio parvo in Hispaniam[5] contendit et magnam partem eius terrae expugnat.

Decem annis post Carthaginienses[3] Hannibalem[7] imperatorem faciunt. Is primo in Hispania[5] bellum gerit, deinde copias in Italiam[8] ducere audet.

[1] Hamilcar,-aris m.: „Hamilkar" (punischer Feldherr)
[2] Punicus/a/um: „punisch" (= „karthagisch")
[3] Carthaginienses,-ium m. (Pl.): „die Karthager"
[4] Sicilia,-ae f.: „Sizilien"
[5] Hispania,-ae f.: „Spanien"
[6] priusquam: „bevor"
[7] Hannibal,-alis m.: „Hannibal"
[8] Italia,-ae f.: „Italien"

II. ARBEITSAUFGABEN 18 P.

1. Setze die richtigen Formen von „is/ea/id" vor die folgenden Nomina und übersetze! 8 P.

a. ____________ militis: ______________________________

b. ____________ litus: ______________________________

c. ____________ hosti: ______________________________

d. ____________ partium: ______________________________

2. Ergänze die fehlenden Endungen! 4 P.

a. eidem taur________ c. eosdem mont________

b. eandem multitudin________ d. eaedem virgin________

3. Vervollständige die folgenden Sätze! 4 P.

a. Die Königstochter Europa stammte aus ______________________________.

b. Der Sage nach raubte Jupiter sie in Gestalt eines ______________________________.

c. In dieser Gestalt brachte er sie nach ______________________________.

d. Der wahre Kern der Sage liegt darin, dass ______________________________

______________________________.

4. Übersetze ins Lateinische: „Was dem Jupiter erlaubt ist, ist dem Rindvieh nicht erlaubt." 2 P.

____

I. ÜBERSETZUNGSTEXT (83 Wörter) 42 P.

Nach einer Liebschaft mit Jupiter bringt die Göttin Latona Zwilllinge zur Welt. Von Eifersucht getrieben verfolgt Juno, Jupiters Ehefrau, Latona von nun an mit Hass. Als Latona mit ihren neugeborenen Babys eines Tages durstig zu einem Gewässer kommt, passiert Folgendes:

De Latona

Latona, dea summae pulchritudinis, suos liberos parvos iam multas horas secum per terras portat. Sitim[1] tolerare non iam possunt, quod iis aqua non est. Postremo flumen conspiciunt, ubi multitudo agricolarum[2] aqua se delectat.

Latona ab agricolis[2] quaerit: „Potestisne mihi et meis liberis, qui iam diu aqua carent, aquam dare?" Ii autem homines mali deae resistere audent atque eam aqua prohibent.

Tum dea magna voce clamat: „Homines magno honore non estis! Itaque corpora vestra in ranas[3] convertam[4]: Deinde semper in eodem flumine manere debetis!"

[1] sitis,-is f.: „Durst"
[2] agricola,-ae m.: „Bauer"
[3] rana,-ae f.: „Frosch"
[4] convertam: „ich werde verwandeln" (Futur)

II. ARBEITSAUFGABEN 18 P.

1. Bilde von den angegebenen Nomina den gesuchten Fall und übersetze die Form! 6 P.

a. navis (2. F. Pl.): ____________ = ______________________

b. caput (4. F. Pl.): ____________ = ______________________

c. pax (6. F. Sg.): ____________ = ______________________

2. Ringle ein, ob die Aussage richtig (R) oder falsch (F) ist! 4 P.

a. Der Dativ Sg. zu „qui" lautet „quibus".	R	F
b. Ein Relativpronomen steht meist nach einem Beistrich.	R	F
c. „is/ea/id" und „idem/eadem/idem" sind Possessivpronomina.	R	F
d. Eine Eigenschaft kann durch den Genetiv oder Ablativ ausgedrückt werden.	R	F

3. Gib die Bedeutung der Fremdwörter an und erkläre, wovon sie sich ableiten! 6 P.

	Bedeutung des Fremdwortes	lat. Grundwort + Formen
a. Imperativ		
b. Pazifist		
c. urban		

4. Ergänze die Sätze: 2 P.

a. Theseus wird mit dem Tod seines Vaters dafür bestraft, dass er ______________________

____.

b. Nachdem Ariadne von Theseus verlassen worden ist, wird sie ______________________

____.

I. ÜBERSETZUNGSTEXT (84 Wörter) 42 P.

Ein „Pyrrhus-Sieg“ ist ein Sieg, der nur mit großen Verlusten errungen werden konnte, also letztlich gar kein richtiger Sieg war. Wie es zu diesem Ausdruck gekommen ist, erfährst du in der folgenden Geschichte:

De Pyrrho[1]

Dum Romani magnas partes Italiae[2] oppidumque Tarentum[3] occupant, Pyrrhus[1] rex Tarentinos[4] adiuvare atque timore magno liberare in animo habet. Itaque cum militibus naves ascendit, quibus in Italiam[2] contendit. Non solum copias, sed etiam multitudinem elephantorum[5] secum trans mare ducit.

Mox Romani pugnam committunt, sed Pyrrhus[1], imperator summae virtutis, auxilio elephantorum[5] et militum suorum vincere potest. Quod autem in ea pugna tam multos viros amittit, dicit: „Si iterum eo modo vinco, victus ero[6]!“ Paulo post Pyrrhus[1], quem Romani nunc maxime timent, tamen eorum terram relinquit.

[1] Pyrrhus,-i m.: „Pyrrhus“ (König von Epirus in Nordgriechenland)

[2] Italia,-ae f.: „Italien“

[3] Tarentum,-i n.: „Tarent“ (Stadt in Süditalien)

[4] Tarentini,-orum m. (Pl.): „die Tarentiner“ (die Bewohner der Stadt Tarent)

[5] elephantus,-i m.: „Elefant“

[6] victus ero: „ich werde besiegt sein“

II. ARBEITSAUFGABEN 18 P.

1. Ergänze die richtigen Endungen! 6 P.

a. eosdem adulescent______

b. ei popul___

c. eam virgin_______

d. iis corpor_________

e. eorundem flumin_________

f. iidem mont_____

2. Setze die richtige Form von „qui/quae/quod“ ein! 4 P.

a. ____________ periculum times?

b. ____________ montes ascenditis?

c. ____________ magister venit?

d. ____________ iusso resistis?

3. Setze die richtigen Namen ein! 6 P.

a. Als sich der Gott ____________________ in die Königstochter Europa verliebt hat, schickt er ____________________ aus, damit er eine Rinderherde von den Bergen an die Küste treibt.

b. ____________________, der Sohn des athenischen Königs, betritt das Labyrinth, das ____________________ erbaut hat. Heraus findet er durch einen Faden, den ihm ____________________, die Tochter des Königs ____________________, gegeben hat.

4. Was ist die Ägäis? Wie ist sie zu ihrem Namen gekommen? 2 P.

____

____

I. ÜBERSETZUNGSTEXT (87 Wörter) 42 P.

De Minoe[1]

Die pulchro Iuppiter casu Europam[2], virginem pulchram, conspicit. Deus forma[3] tauri ei appropinquat et eam deinde in Cretam[4] portat. Primo virgo magno in metu est, deinde autem Iovem, qui nunc formam[3] tauri deponit[5], non iam timet, sed amat. Itaque iis mox filius est, quem Minoem[1] appellant[6].

Eidem post nonnullos annos Neptunus[7] deus taurum magnum mittit atque imperat: „Immola[8] mihi eum taurum!" Minos[1] autem pro[9] Neptuni[7] tauro unum e suis tauris parvis immolat[8]. Quod deus eam rem intellegit[10], id facit: Uxor[11] Minois[1] taurum Neptuni[7] amare incipit[12].

[1] Minos,-ois m.: „Minos"
[2] Europa,-ae f.: „Europa"
[3] forma,-ae f.: „Gestalt"
[4] Creta,-ae f.: „Kreta"
[5] deponere 3: „ablegen"
[6] appellare 1: „nennen"
[7] Neptunus,-i m.: „Neptun" (Gott des Meeres)
[8] immolare 1: „opfern"
[9] pro: hier: „anstelle", „statt"
[10] intellegere 3: „bemerken"
[11] uxor,-oris f.: „Ehefrau"
[12] incipere M: „beginnen"

II. ARBEITSAUFGABEN 18 P.

1. Bestimme Fall und Zahl und übersetze! (Bei einer Formen gibt es zwei Möglichkeiten.) 8 P.

a. diei: ______________________

____

b. metui: ______________________

c. casuum: ______________________

2. Übersetze jeweils als Genetivus subiectivus und als Genetivus obiectivus! 4 P.

a. cura liberorum: ______________________

____

b. amor patris: ______________________

____

3. Ergänze den unten stehenden Text! 4 P.

Die erste Hochkultur auf europäischem Boden war die ______________ Kultur. Sie entwickelte sich im 3. Jahrtausend v. Chr. auf ______________. Benannt ist sie nach ______________. Typisch für diese Kultur sind die riesigen, verwinkelten ______________, deren Reste man heute noch besichtigen kann.

4. Für welche Worte steht die Abkürzung „a. m." in englischen Zeitangaben? Übersetze die Worte auch! 2 P.

____

I. ÜBERSETZUNGSTEXT (79 Wörter) 42 P.

De amore magno

Quintus Claudiam, virginem summa pulchritudine, amat. Saepe ei epistulas[1] mittit, saepe ei dicit: „Te solam amo, tecum esse cupio. Tu, quae multis pueris places, me hominem beatum[2] facis, si mecum ambulas." Quae puella has res non libenter audit? Ita Claudia cum Quinto ambulare constituit.

Eidem puero autem Corinna quoque et aliae virgines placent. Ita ante meridiem cum Corinna in mari navigat, post meridiem cum Iulia in amphitheatro[3] spectacula videt et denique cum Claudia in foro ambulat.

[1] epistula,-ae f.: „Brief"

[2] beatus/a/um: „glücklich"

[3] amphitheatrum,-i n.: „Amphitheater"

II. ARBEITSAUFGABEN 18 P.

1. Ergänze die richtigen Endungen von „res"! 3 P.

a. ei re__________ b. eaedem re__________ c. quas re__________?

2. Bilde die gesuchten Formen und übersetze sie! 8 P.

a. domus (3. F. Sg.): __________ = __________

b. manus (4. F. Pl.): __________ = __________

c. meridies (6. F. Sg.): __________ = __________

d. artificium (1. F. Pl.): __________ = __________

3. Setze die richtigen Namen ein! 4 P.

a. __________ heiratete Ariadne.

b. __________ trägt einen geflügelten Helm.

c. __________ ist der Sohn des Ägeus.

d. __________ ermordete seinen Neffen.

4. Ringle ein, ob die Aussage richtig (R) oder falsch (F) ist! 3 P.

a. Dädalus war nach Kreta geflohen.	R	F
b. Das Labyrinth des Minotaurus wurde von Dädalus erbaut.	R	F
c. König Minos´ Tochter hatte den Minotaurus geboren.	R	F

I. ÜBERSETZUNGSTEXT (82 Wörter) 42 P.

De Hercule[1]

Solum paucis[2] hominibus Tartarum[3] intrare et iterum relinquere licuit. Unus ex iis fuit Hercules[1], vir summis viribus. Is nonnulla opera, quae ei Eurystheus[4] rex imperavit, conficere debuit.

Primo Hercules[1] nonnulla animalia[5] summae magnitudinis[6] interfecit, tum Eurystheus[4] ei dixit: „Pete Tartarum[3] atque Cerberum[7], qui ad portam Tartari[3] homines mortuos custodit[8]! Si eum sine armis superare potes, Cerberum[7] mihi porta!"

Hercules[1], qui ne hoc periculum quidem timuit, paruit atque in Tartarum[3] descendit[9]. Ibi canem manibus superavit et iterum ad summam terram[10] ascendit.

[1] Hercules,-is m.: „Herkules" (griechischer Held)
[2] pauci/ae/a: „wenige"
[3] Tartarus,-i m.: „Tartarus", „Unterwelt"
[4] Eurystheus,-i m.: „Eurystheus" (griechischer König, in dessen Auftrag Herkules seine Aufträge ausführen musste)
[5] animal,-alis n.: „Tier"
[6] magnitudo,-inis f.: „Größe"
[7] Cerberus,-i m.: „Zerberus"
[8] custodire 4: „bewachen"
[9] descendere 3, descendi: „hinabsteigen"
[10] summa (-ae) terra (-ae) f.: „Oberwelt"

II. ARBEITSAUFGABEN 18 P.

1. Setze die folgenden Verba ins Perfekt (in derselben Person)! 4 P.

a. cadunt: ____________________ c. quaerit: ____________________

b. damus: ____________________ d. vocatis: ____________________

2. Setze die richtigen Formen von „hic/haec/hoc" ein und übersetze! 4 P.

a. __________ scelera: ____________________

b. __________ metui: ____________________

3. Gib die Bedeutung der Fremdwörter an und erkläre, wovon sie sich ableiten! 4 P.

	Bedeutung des Fremdwortes	lat. Grundwort + Stammformen
a. Mortalität		
b. statisch		

4. Setze die fehlenden Wörter ein! 4 P.

a. Der Fährmann ______________ brachte die Verstorbenen über den Fluss ______________ in die Unterwelt.

b. Als Lohn dafür erhielt er ____________________.

c. Jene Verstorbenen, die ______________________________, mussten 100 Jahre auf die Überfahrt warten.

5. Wie lautete das Motto Kaiser Franz Josephs? Was bedeutet der Spruch? 2 P.

____

I. ÜBERSETZUNGSTEXT (83 Wörter) 42 P.

Bevor Theseus nach Kreta aufbrach, versprach er seinem Vater Ägeus, dass er die schwarzen Segel seines Schiffes gegen weiße austauschen werde, wenn er wohlbehalten zurückkehren sollte. Bei der hastigen Abreise aus Kreta vergaß Theseus allerdings darauf.

De morte Aegei[1]

Quodam die Aegeus[1] rex urbem reliquit et litus petivit, ubi saxa alta ascendit. Deinde ex his saxis mare spectavit atque magna cum cura filii secum cogitavit: „Iamne Theseus Minotaurum[2] superavit liberosque servavit? An[3] hoc opus conficere non potuit?"

Subito navem conspexit, quae litori appropinquavit. Filius, qui velis[4] atris[5] a patria in Cretam insulam navigaverat, iisdem velis[4] domum navigavit. „Filium amisi, Theseus mortuus est!", rex magna voce clamavit. „Di, cur me miserum ita punitis?" Deinde de saxo in mare se deiecit[6].

[1] Aegeus,-i m.: „Ägeus"
[2] Minotaurus,-i m.: „Minotaurus"
[3] an: „oder"
[4] velum,-i n.: „Segel"
[5] ater/atra/atrum: „schwarz"
[6] deicere M,-ieci: „hinabstürzen"

II. ARBEITSAUFGABEN 18 P.

1. Bilde jeweils die in Klammer angegebene Zeit (in derselben Person) und übersetze die Form dann! 8 P.

	neue Form	deutsche Übersetzung
a. libero (Perfekt)		
b. timent (Perfekt)		
c. punit (Plqpf.)		
d. dicis (Plqpf.)		

2. Bilde die gesuchten Formen und übersetze! 6 P.

a. haec virgo (3. F. Sg.): ____________________ = ____________________
b. hic dies (1. F. Pl.): ____________________ = ____________________
c. haec manus (2. F. Sg.): ____________________ = ____________________

3. Ergänze die Sätze! 2 P.

a. Die „Insel der Seligen" heißt griechisch ____________________.
b. Tantalus wurde zu einer ewigen Strafe verdammt, weil er ____________________
____________________.

4. Was versteht man heute unter ... 2 P.

a. ... einem Obolus? ____________________
b. ... einer Sisyphusarbeit? ____________________

15 Schularbeit A

L6

I. ÜBERSETZUNGSTEXT (79 Wörter)

42 P.

De Orpheo[1] eiusque amore

Orpheus filius cuiusdam Musae[2] summae prudentiae erat, quae eum canere docebat. Mox cuncti homines carmina pulchra illius adulescentis laudabant. Dum Orpheus canit, etiam animalia sine metu ei appropinquabant. Arbores quoque ac saxa, cum haec carmina audiebant, flebant.

Olim Orpheus casu quandam virginem pulchram, cui erat nomen Eurydice[3], conspexit. Statim carminibus pulchris eius amorem sibi parare constituit. Quod huic virgini et ille adulescens et eius ars maxime placebat, Orpheus Eurydicen[3] paulo post in matrimonium ducere potuit.

[1] Orpheus,-i m.: „Orpheus"

[2] Musa,-ae f.: „Muse" (Schutzgöttin der Kunst)

[3] Eurydice,-es f. (Akk.: -en): „Eurydike"

II. ARBEITSAUFGABEN

18 P.

1. Setze die fehlenden Verbformen ein! 7 P.

Präsens	Imperfekt	Perfekt
invitas	invitabas	
		flevit
	puniebant	
quaeritis		

2. Setze die richtigen Formen von „ille/illa/illud" ein! 6 P.

a. ______________ condicione
b. ______________ facinus
c. ______________ manum
d. ______________ rebus
e. ______________ die
f. ______________ carmini

3. Ringle ein, ob die Aussage richtig (R) oder falsch (F) ist! 3 P.

a. Wegen Orpheus´ Gesang ließ sich Tantalus auf seinem Felsen nieder.	R	F
b. Beim Triumphzug sangen die Soldaten Spottlieder auf ihren Feldherrn.	R	F
c. Die lateinische Bezeichnung für die Trompete ist „tuba".	R	F

4. Wie nennt man das Saiteninstrument, auf dem Orpheus spielte? 1 P.

____

5. Nenne einen weiteren berühmten antiken Sänger! 1 P.

____

I. ÜBERSETZUNGSTEXT (82 Wörter) 42 P.

De Icaro[1]

Icarus puer cum Daedalo[2] patre in Creta[3] insula habitabat. Quodam die Daedalus[2], cui erat magnum patriae desiderium[4], ad filium dixit: „Tecum hanc insulam relinquere et iter domum facere in animo habeo!" Quod autem a rege illius insulae frustra navem petiverat, Daedalus[2] et sibi et filio alas[5] fecit, quibus insulam per caelum reliquerunt. Hoc iter Icaro[1] maxime placebat. Sine metu altius[6] atque altius volabat[7] et postremo soli appropinquavit. Sol autem alas[5] pueri delevit et ille summo de caelo in mare cecidit.

[1] Icarus,-i m.: „Ikarus"
[2] Daedalus,-i m.: „Dädalus"
[3] Creta,-ae f.: „Kreta"
[4] desiderium,-i n.: „Sehnsucht"
[5] ala,-ae f.: „Flügel"
[6] altius (Adverb): „höher"
[7] volare 1: „fliegen"

II. ARBEITSAUFGABEN 18 P.

1. Setze die folgenden Präsensformen in die angegebene Zeit (in derselben Person)! 6 P.

a. dolet (Imperf.): ________________

b. ducis (Imperf.): ________________

c. sto (Perfekt): ________________

d. damus (Perf.): ________________

e. ago (Plqpf.): ________________

f. sumus (Plqpf.): ________________

2. Stimme das in Klammer stehende Adjektiv bzw. Pronomen mit dem Nomen bzw. Pronomen überein und übersetze die Wortgruppe dann: 8 P.

a. genere (hic): ____________ = ________________________

b. sceleris (ille): ____________ = ________________________

c. tibi (ipse): ____________ = ________________________

d. viro (nullus): ____________ = ________________________

3. Was ist der Unterschied zwischen Perfekt und Imperfekt? 2 P.

a. Das lateinische Perfekt wird verwendet für ________________________________.

b. Das Imperfekt wird verwendet für ________________________________.

4. Ergänze die Lücken! 2 P.

Orpheus verlor seine Gattin Eurydike durch ____________________. Er selbst selbst starb später, indem er von rasenden Frauen, den sog. ____________________, zerrissen wurde.

I. ÜBERSETZUNGSTEXT (76 Wörter) 42 P.

De gladiatoribus

Populus Romanus, cui spectacula crudelia placebant, multis diebus magno cum gaudio in amphitheatrum[1] contendere solebat. Ibi nonnullas horas agebat et viros summae virtutis, qui et contra animalia et contra alios homines fortes pugnabant, spectabat.

Illud genus pugnarum crudelium homines maxime amabant. Itaque non solum servi, sed etiam nonnulli viri nobiles cupiditate gloriae adducti in amphitheatro[1] pugnare solebant. Nam magna erat horum virorum gloria – et brevis eorum vita: Magna pars gladiatorum illis pugnis atrocibus interiit[2].

[1] amphitheatrum,-i n.: „Amphitheater"

[2] interire,-ii: „sterben"

II. ARBEITSAUFGABEN 18 P.

1. Ergänze die Endungen! 4 P.

a. spectaculum crudel________ c. manui celer________

b. rerum difficil________ d. facinore atroc________

2. Bilde zu den angegebenen Verba das Imperfekt und Perfekt (in derselben Person)! 6 P.

Präsens	Imperfekt	Perfekt
a. prohibes		
b. discunt		
c. expellitis		

3. Ein Nomen, das ein anderes Nomen im selben Fall näher beschreibt, nennt man: 1 P.

____

4. Gib zu den folgenden englischen Wörtern jeweils das zugrunde liegende lateinische Vokabel in der Lexikonform (= Form, wie sie im Vokabelverzeichnis steht) und dessen Übersetzung an! 3 P.

a. movie: ________

b. difficult: ________

c. to exercise: ________

5. Nenne zwei sehr harte und zwei vergleichsweise angenehme Arbeiten, zu denen von den Römern Sklaven herangezogen wurden! 4 P.

a. sehr hart: ________

b. weniger hart: ________

I. ÜBERSETZUNGSTEXT (80 Wörter) 42 P.

De Plutone[1] et Proserpina[2]

Olim Pluto[1] Proserpinam[2], pulchram filiam Iovis Cererisque[3], conspexerat. Magno amore illius virginis pulchrae adductus a Iove petivit: „Da mihi Proserpinam[2] in matrimonium!" Ille breve tempus cogitabat, tum respondit: „Filiam meam uxorem accipere non potes. Nam certe tua domus opaca[4] ei minime placet." Itaque Pluto[1] Proserpinam[2] rapere et vi in domum suam ducere constituit. Quodam die pulchro, dum virgo per agros ambulat, Pluto[1] appropinquavit atque eam secum portavit. Deinde Proserpinam[2] in matrimonium duxit et reginam Tartari[5] fecit.

[1] Pluto,-onis m.: „Pluto" (Gott der Unterwelt)
[2] Proserpina,-ae f.: „Proserpina"
[3] Ceres,-eris f.: „Ceres" (Göttin des Ackerbaus)
[4] opacus/a/um: „düster"
[5] Tartarus,-i m.: „Tartarus", „Unterwelt"

II. ARBEITSAUFGABEN 18 P.

1. Bilde die gesuchten Formen und übersetze! 6 P.

a. animus crudelis (6. F. Pl.): ______________ = ______________

b. opus breve (4. F. Pl.): ______________ = ______________

c. exercitus fortis (3. F. Sg.): ______________ = ______________

2. Auf welche beiden Arten kann das Wort „primus" im untenstehenden Satz übersetzt werden? 2 P.

Filius primus intravit.

a. ______________________________

b. ______________________________

3. Ringle ein, ob die Aussage richtig (R) oder falsch (F) ist! 6 P.

a. Bei der Form „forte" handelt es sich um den Genetiv von „fortis/e".	R	F
b. Der Ablativ der meisten Adjektiva der 3. Deklination endet auf „-i".	R	F
c. Das lateinische Perfekt gibt einmalige Handlungen wieder.	R	F
d. Das lateinische Perfekt wird meist auch mit dem deutschen Perfekt übersetzt.	R	F
e. Lateinische Nomina auf „-or" sind meist feminin.	R	F
f. Der Dativ Sg. von „nullus", „solus" und „unus" endet auf „-i".	R	F

4. Vervollständige die folgenden Sätze! 4 P.

a. Spartakus wurde nach Capua gebracht, wo er ______________________________

______________________________.

b. Dem Heer des Spartakus schlossen sich nicht nur Sklaven an, sondern auch ______________.

c. Die Sklaven weigerten sich Italien zu verlassen, weil ______________________________

______________________________.

d. Nach der Niederschlagung des Aufstandes wurden 6.000 Sklaven ______________.

I. ÜBERSETZUNGSTEXT (79 Wörter) — 42 P.

De periculo consulis Ciceronem[1], qui iam adulescens homo summae prudentiae erat, pater Romam misit, ubi viri clari eum cunctas litteras docebant. Ita mox orator clarus et denique, quamquam nobili genere natus non erat, consul fuit. Hanc rem nonnulli senatores ferre non poterant. Inter eos Catilina[2] quoque erat, qui Ciceronem[1] nocte adire occidereque constituit. Ille autem eius consilium casu cognovit. Cura rei publicae adductus Cicero[1] senatores convocavit iisque de Catilinae[2] consilio atroci narravit. Hac re Cicero rem publicam Romanam servavit.	[1] Cicero,-onis m.: „Cicero" (römischer Politiker) [2] Catilina,-ae m.: „Catilina" (römischer Adeliger)

II. ARBEITSAUFGABEN — 18 P.

1. Setze die fehlenden Präsens- und Perfektformen von „ire" bzw. „ferre" ein! 8 P.

Präsens	Imperfekt	Perfekt
	ibam	
	ibant	
	ferebas	
	ferebamus	

2. Ergänze den folgenden Lückentext zu den Ortsbestimmungen! 6 P.

Bei Namen von ____________________ werden die Ortsbestimmungen ohne Präpositionen gebildet. Es steht auf die Frage „wohin?" der ____________________, auf die Frage „woher?" der ____________________, und auf die Frage „wo?" bei Namen der a- und o-Deklination im Singular der so genannte ____________________ (sieht aus wie der ____________________). Bei den übrigen Städtenamen steht auf die Frage „wo?" der ____________________.

3. Gib zu den Fremdwörtern jeweils das zugrunde liegende lateinische Vokabel in der Lexikonform (= Form, wie sie im Vokabelverzeichnis steht) und dessen Übersetzung an! 2 P.

a. Student: ____

b. sozial: ____

4. Für welche (lateinischen) Worte steht die Abkürzung „SPQR"? Übersetze die Worte auch! 2 P.

____

____

I. ÜBERSETZUNGSTEXT (86 Wörter) 42 P.

De servis miseris

Multi servi Romae habitabant. Nam Romani, cum nationes alienas bellis vicerant, incolas illarum terrarum comprehendere et in patriam ferre solebant. Ibi nonnullos eorum in amphitheatro[1] contra animalia atrocia pugnare cogebant. Alii in domibus Romanorum opera conficiebant, quidam liberos docebant, magna autem pars in agris latis laborabat.
Inter homines, quos Romani capiebant, etiam viri nobiles erant. Etiam Spartacus, nobilis adulescens, in oppidum Capuam[2] venit, ubi inter gladiatores variis armis pugnare discebat. Mox autem intellexit: „Hanc vitam miseram numquam[3] tolerabo. Itaque cum meis sociis fugiam."

[1] amphitheatrum,-i n.: „Amphitheater"

[2] Capua,-ae f.: „Capua" (Stadt in Süditalien)

[3] numquam: „niemals"

II. ARBEITSAUFGABEN 18 P.

1. Bilde zu den folgenden Verbalformen jeweils auch den Singular bzw. Plural! 6 P.

Sg.	Pl.
it	
iit	
	istis

Sg.	Pl.
fert	
	fertis
fer	

2. Setze die angegebenen Formen ins Futur (in derselben Person) und übersetze sie dann: 6 P.
   a. imperat: ______________ = ______________________________
   b. ago: ______________ = ______________________________
   c. sunt: ______________ = ______________________________

3. Ringle ein, ob die Aussage richtig (R) oder falsch (F) ist! 2 P.

a. Cicero stammte aus dem Ritterstand.	R	F
b. Cicero war Statthalter in Sizilien.	R	F

4. Nenne die Namen jener beiden Männer, gegen die Cicero seine wohl bekanntesten Reden hielt! Welche Verbrechen hatten sie begangen? 4 P.

____
____
____
____
____

I. ÜBERSETZUNGSTEXT (86 Wörter) 42 P.

De bello Gallico[1]

Ubi senatus Gaium Iulium Caesarem cum copiis magnis Roma in provinciam misit, ille imperator clarus brevi tempore totam Galliam occupavit. Totamne Galliam? Minime! Nam quendam vicum[2] parvum ne summa quidem vi expugnare potuit, quod ibi nonnulli viri virtute summa habitabant.

Illis Gallis nomina Asterix et Obelix erant: Alius prudentior erat, alius fortior quam ceteri erat. Qui viri Romanos non timebant, sed etiam libenter cum iis pugnabant. Nam a druida[3] potum[4] accipere solebant, qui iis vires magnas dabat. Ita Romanos vico[2] suo prohibere potuerunt.

[1] Gallicus/a/um: „gallisch"

[2] vicus,-i m.: „Dorf"

[3] druida,-ae m.: „Druide" (gallischer Priester und Medizinmann)

[4] potus,-us m.: „Getränk", „Trank"

II. ARBEITSAUFGABEN 18 P.

1. Setze die folgenden Adjektiva in den Komparativ (im selben Fall, Zahl und Geschlecht)! 4 P.

a. improbos: ____________________ c. celer: ____________________

b. longam: ____________________ d. acre: ____________________

2. Stimme jeweils das in Klammer stehende Pronomen mit dem Nomen überein! 4 P.

a. ______________ facinore (hic) c. ______________ civitas (ille)

b. ______________ senatui (ipse) d. ______________ nationis (idem)

3. Ringle ein, ob die Aussage richtig (R) oder falsch (F) ist! 2 P.

a. „qui/quae/quod" wird als Relativer Anschluss immer mit „dieser/-e/-es" übersetzt.	R	F
b. Ein Vergleich wird immer mit „quam" ausgedrückt.	R	F

4. Kreuze jeweils die richtige(n) Übersetzung(en) an! Es können ein, zwei oder alle drei Möglichkeiten richtig sein. 4 P.

a. „quam" heißt:	b. „quod" heißt:	c. „brevius" heißt:	d. „cui" heißt:
☐ „wie"	☐ „weil"	☐ „sehr kurz"	☐ „dem"
☐ „weil"	☐ „dieser"	☐ „zu kurz"	☐ „wem"
☐ „als"	☐ „wer"	☐ „das Kurze"	☐ „diesem"

5. Setze die fehlenden Wörter ein! 4 P.

Nach seinem Konsulat wurden Cäsar die Provinzen Gallia Cisalpina und Gallia ____________________ übertragen.

Der gallische Fürst ____________________ vereinte die Gallier zum gemeinsamen Kampf gegen die Römer.

Bei der Stadt ____________________ kam es zur entscheidenden Schlacht.

Critognatus riet dazu, sich von ______________________________ zu ernähren.

I. ÜBERSETZUNGSTEXT (81 Wörter) 42 P.

De facinore crudeli

Tantalus[1] rex, cuius honor apud deos magnus erat, quodam die prudentiam eorum probare[2] constituit. Nam cogitabat: „Di quidem[3] prudentes sunt, ego autem prudentior sum!“

Itaque hoc facinus commisit: Filium suum interfecit et dis apposuit[4]. Nemo hanc cenam tetigit, solum Ceres[5] magno dolore adducta illud scelus atrocissimum non intellexit et cenare[6] coepit. Nam postquam Pluto[7] eius filiam rapuit et secum in Tartarum[8] tulit, Ceres[5] maxime dolebat. Quamquam Ceres[5] de corpore illius pueri cenavit[6], tamen di ei postremo vitam reddiderunt.

[1] Tantalus,-i m.: „Tantalus“
[2] probare 1: „auf die Probe stellen“
[3] quidem: „zwar“
[4] apponere 3,-posui: „als Speise vorsetzen“
[5] Ceres,-eris f.: „Ceres“ (Göttin des Ackerbaus)
[6] cenare 1,-avi: „essen“
[7] Pluto,-onis m.: „Pluto“ (Gott der Unterwelt)
[8] Tartarus,-i m.: „Tartarus“, „Unterwelt“

II. ARBEITSAUFGABEN 18 P.

1. Bilde die in Klammer angegebene Form des Adjektivs und übersetze dann die ganze Wortgruppe 8 P.

a. virum clarum (Komparativ): ____________________ = ____________________
b. tempus breve (Komparativ): ____________________ = ____________________
c. hosti forti (Superlativ): ____________________ = ____________________
d. proelia acria (Superlativ): ____________________ = ____________________

2. Stimme jeweils das in Klammer stehende Pronomen mit dem Nomen bzw. Pronomen überein! 4 P.

a. ____________ facinus (hic)
b. ____________ tibi (ipse)
c. ____________ civitatis (ille)
d. ____________ nationem (idem)

3. Ringle ein, ob die Aussage richtig (R) oder falsch (F) ist! 4 P.

a. Ein Teil Galliens war schon vor Cäsars Feldzug römische Provinz.	R	F
b. Cäsar verschanzte sich in der Stadt Alesia.	R	F
c. In der Versammlung der Gallier riet Critognatus zum Kampf gegen die Römer.	R	F
d. Vercingetorix wurde von den Römern hingerichtet.	R	F

4. Nach der Besetzung Galliens kam es zur „Romanisierung“ des Landes. Erkläre den Begriff anhand zweier Beispiele! 2 P.

____
____

I. ÜBERSETZUNGSTEXT (84 Wörter) 42 P.

Marcus magistro linguae Latinae salutem[1] dicit.

Postquam iter breve ad mare feci, etiam Romam veni. Nunc magno cum gaudio hanc urbem pulcherrimam specto. Iam nonnullas urbes vidi, sed Roma ceteris urbibus pulchrior est. Quam urbem spectare etiam parentibus maxime placet. Multa aedificia clarissima pulcherrimaque hic sunt.

Etiam plurimas inscriptiones[2] Latinas vidi, quas omnes legere possum. Id difficillimum non est, quod linguam Latinam discere me semper delectavit. Ne centum quidem diebus omnia spectare possum. Sed desiderium[3] scholae et lectionum[4] Latinarum me Roma domum venire cogit.

[1] salus,-utis f.: „Gruß"
[2] inscriptio,-onis f.: „Inschrift"
[3] desiderium,-i n.: „Sehnsucht"
[4] lectio,-onis f.: „Unterrichtsstunde"

II. ARBEITSAUFGABEN 18 P.

1. Setze die fehlenden Formen ein (im 1. Fall Sg. maskulin)! 6 P.

Grundstufe	Komparativ	Superlativ
latus		
	acrior	
		pessimus

2. Setze die richtigen Wörter ein! 3 P.

Der lateinische Komparativ wird meist auch im Deutschen mit dem Komparativ wiedergegeben; er kann aber auch mit ________________ oder ________________ übersetzt werden.
Der lateinische Superlativ wird entweder mit dem deutschen Superlativ oder mit ________________ übersetzt.

3. Gib die Bedeutung der Fremdwörter an und erkläre, wovon sie sich ableiten! 6 P.

	Bedeutung des Fremdwortes	lat. Grundwort + Stammformen
a. Moral		
b. Priorität		
c. Ultimatum		

4. Übersetze ins Lateinische: „Der Würfel ist gefallen." In welchem Zusammenhang soll Cäsar diesen Ausspruch getan haben? In welcher Sprache? 3 P.

____

____

I. ÜBERSETZUNGSTEXT (81 Wörter) 42 P.

De Gallis fortissimis

Caesar, cui maxima cupiditas potestatis gloriaeque erat, Galliam expugnare et ita gloriam suam augere[1] statuit. Postquam multae copiae a Caesare in provinciam ductae sunt, tota Gallia paucis annis occupata est. Quaedam autem civitas parva a Romanis expugnata non est. Quae civitas a viris maximae virtutis sine ullo[2] Romanorum timore defensa est. Inter hos Gallos duo viri clarissimi erant – alius minor prudentiorque, alius maior validiorque[3]. Hi fortiores erant quam fortissimi Romani et ne magnum quidem numerum militum alienorum timebant.

[1] augere 2, auxi: „vergrößern", „steigern"

[2] ulla/a/um: „irgendein"

[3] validus/a/um: „kräftig"

II. ARBEITSAUFGABEN 18 P.

1. Verwandle die Verbformen ins Passiv und übersetze diese Form dann! 8 P.

a. servavimus: PASSIV: ______________ = ______________

b. vidit: PASSIV: ______________ = ______________

c. spectaverant: PASSIV: ______________ = ______________

d. duxeram: PASSIV: ______________ = ______________

2. Steigere die Adjektiva wie angegeben und übersetze die ganze Wortgruppe! 4 P.

a. consilium bonum: Komparativ: ______________ = ______________

b. dolorem magnum: Superlativ: ______________ = ______________

3. Ergänze den folgenden Lückentext! 5 P.

Nachdem Cäsar Gallien unterworfen hatte, wiegelte der Gallierfürst ______________ die gallischen Stämme erneut zum Kampf gegen die Römer auf. Bei der Stadt ______________ kam es zur Entscheidungsschlacht und Cäsar siegte. Danach führte er sein Heer nach Rom; es kam zum Bürgerkrieg gegen ______________ . Wieder war er siegreich und begann Rom als Alleinherrscher zu regieren. Unter der Führung von ______________ und Brutus kam es zu einer Verschwörung der Senatoren gegen Cäsar. An den Iden des März des Jahres ______________ fiel Cäsar dieser Verschwörung zum Opfer.

4. Was sollen Cäsars letzte Worte gewesen sein? Gib die lateinische Version wieder! 1 P.

____

____

____

I. ÜBERSETZUNGSTEXT (89 Wörter) 42 P.

De Caesaris uxoribus

Caesar, ille imperator clarissimus, Calpurniam[1] in matrimonium duxerat. Ubi in alienis terris bellum gerere constituit, Romam cum exercitu ingenti reliquit.

In hoc itinere in Aegyptum[2] quoque venit, ubi Cleopatra vixit. Haec mulier pulcherrima ac prudentissima amorem Caesaris excitare[3] studebat. Nam auxilio Caesaris regnum Aegypti[2] sibi parare in animo habebat. Ita Caesar, pulchritudine Cleopatrae adductus, non Romam ad uxorem redire[4], sed Alexandriae[5] manere statuit.

Postquam ei filius natus est, cum Cleopatra filioque parvo Romam rediit[4]. Quae res Calpurniae[1] uxori, quae Caesarem iam diu exspectaverat, dolori magno erat.

[1] Calpurnia,-ae f.: „Calpurnia" (Frauenname)

[2] Aegyptus,-i f.: „Ägypten"

[3] excitare 1: „entfachen", „erregen"

[4] redire, redii: „zurückkehren"

[5] Alexandria,-ae f.: „Alexandria" (Stadt in Ägypten)

II. ARBEITSAUFGABEN 18 P.

1. Setze die folgenden Verba ins Plusquamperfekt (in derselben Person) und übersetze die gebildeten Formen! 8 P.

Präsens	Plusquamperfekt	Übersetzung
a. cedo		
b. claudunt		
c. vivit		
d. adsumus		

2. Bilde zu den folgenden Adjektiva jeweils den Komparativ und Superlativ (im selben Fall und in derselben Zahl)! 4 P.

Grundstufe	Komparativ	Superlativ
a. magnorum		
b. acre		

3. Wie hieß Kleopatras Sohn? Wer war dessen Vater? 2 P.

4. Kreuze die richtigen Antworten an! Es können ein, zwei oder alle drei Antworten richtig sein. 4 P.

a. Mit wem hatte Kleopatra ein Verhältnis?
- ☐ Cäsar
- ☐ Oktavian
- ☐ Antonius

b. Wen bekämpfte Oktavian in Bürgerkriegen?
- ☐ Cäsar
- ☐ Brutus
- ☐ Antonius

c. An welcher Schlacht nahm Cäsar teil?
- ☐ Philippi
- ☐ Alesia
- ☐ Aktium

d. Wer starb durch Selbstmord?
- ☐ Kleopatra
- ☐ Oktavian
- ☐ Antonius

I. ÜBERSETZUNGSTEXT (89 Wörter) 42 P.

De consilio atrocissimo

Caesar, quod copiis suis Galliam expugnaverat, gloriam suam auxit et deinde Romae dictator regnare coepit. Quae res a senatoribus, quibus antea summa potestas fuerat, non tolerabatur. Ita Cassius et Brutus, viri summo honore, ceteros senatores quadam nocte clam convocaverunt et his fere verbis adierunt:

„Nostra res publica magno in periculo est! Caesar enim more regum regnat. Nonne animadvertistis: Ab isto dictatore regnum perpetuum petitur. Amici, nisi libertatem nostram summa vi defendemus, nostra res publica delebitur!"

Ea oratione denique plurimis senatoribus id[1] persuaserunt: Illi Caesarem occidere decreverunt.

[1] id: hier: „davon"

II. ARBEITSAUFGABEN 18 P.

1. Bilde zu den angegebenen Wortgruppen die angegebene Steigerungsform und übersetze diese dann! 4 P.

a. mores mali (Komparativ): ______________ = ______________

b. mulier honesta (Superlativ): ______________ = ______________

2. Setze die folgenden Verba ins Passiv (in derselben Zeit) und übersetze die gebildete Form! 8 P.

Aktiv	Passiv	Übersetzung
a. clamat		
b. claudunt		
c. videbitis		
d. invitabamus		

3. Gib die Bedeutung der Fremdwörter an und erkläre, wovon sie sich ableiten! 4 P.

	Bedeutung des Fremdwortes	lat. Grundwort + Stammformen
a. Auktion		
b. Finale		

4. Wer kämpfte in der Schlacht von Aktium gegeneinander? Wer siegte? 2 P.

____

I. ÜBERSETZUNGSTEXT (84 Wörter) 42 P.

De scelere Catilinae[1]

Cicero consul casu audiverat: „Catilina[1], vir improbus, consules interficere et sibi potestatem vi parare in animo habet." Itaque magna cum cura senatores convocavit dixitque: „Nonne vidistis: Catilina[1], cui fides et iustitia ignotae sunt, summam potestatem petit. Libertatem rei publicae auferet et more regum regnabit. Istum virum improbum in exilium mittere eiusque socios improbiores vincere debemus, priusquam facinora crudelissima committunt!" Qua oratione adductus senatus copias Romanas in Catilinam[1] eiusque socios mittere constituit. Pugna atrocissima exercitus senatus plurimos milites Catilinae[1] eumque ipsum occidit.

[1] Catilina,-ae m.: „Catilina" (ein adeliger Römer)

II. ARBEITSAUFGABEN 18 P.

1. Setze die folgenden Verba ins Futur (in derselben Person)! 6 P.

a. iudico: ____________ d. vivitis: ____________

b. decerno: ____________ e. auges: ____________

c. ponunt: ____________ f. adest: ____________

2. In jeder Spalte steht ein Verb in einer anderen Zeit als die übrigen drei. Kreuze dieses an! 4 P.

a.	b.	c.	d.
☐ vocabo	☐ iunges	☐ ero	☐ movemus
☐ vocabas	☐ cedes	☐ eras	☐ desinemus
☐ vocabit	☐ feres	☐ erimus	☐ flemus
☐ vocabunt	☐ auges	☐ erunt	☐ dolemus

3. Unter welchen drei Göttinnen musste Paris die schönste herausfinden? Womit versuchten diese ihn zu bestechen? 6 P.

____

____

____

4. Wer war Amors Mutter? Woran ist Amor zu erkennen? 2 P.

____

____

I. ÜBERSETZUNGSTEXT (94 Wörter) 42 P.

De Britannis[1]

Olim Caesar in Gallia cladem acerrimam acceperat. Sed mox animadvertit: „Galli non sine auxilio alieno vicerunt. Certe Britannorum exercitus Gallos iuvit."

Itaque Caesar celeriter hoc consilium cepit: „Copias in hanc insulam ducam et in Britannorum patria bellum geram et Britannos in patria ipsorum vincam. Ita Galli auxilio carebunt." Multis navibus, quae tempore brevissimo aedificatae erant, eam insulam petivit.

In litore autem classis Romana iam a Britannis exspectabatur, et quamquam fortissime pugnabant, multi milites Romani interfecti sunt. Tunc Caesar in his finibus nonnulla proelia commisit, sed Britannos, qui atrociter pugnabant, vincere non potuit.

[1] Britanni,-orum m. (Pl.): „die Britannier", „die Briten"

II. ARBEITSAUFGABEN 18 P.

1. Setze die folgenden Verba (in derselben Person) in die in Klammer angegebene Form und übersetze diese dann! 8 P.

		Übersetzung
a. necantur (Perfekt)		
b. vincitur (Plqpf.)		
c. spectas (Futur)		
d. canunt (Plqpf.)		

2. Bilde das Adverb zu den folgenden beiden Adjektiven! 2 P.

a. crudelis → ______________________

b. honestus → ______________________

3. Setze die fehlenden Wörter ein! 4 P.

Venus (griechisch: ______________________) soll aus den Blutstropfen des Himmelsgottes ______________________ geboren worden sein. Laut einer anderen Version dieser Sage soll sie aus ______________________ gestiegen sein. Ihr Ehemann war ______________________.

4. Ringle ein, ob die Aussage richtig (R) oder falsch (F) ist! 4 P.

a. Discordia stiftete Streit zwischen den Göttinnen, weil sie beleidigt war.	R	F
b. Paris wählte Minerva, weil sie ihm die schönste Frau versprochen hatte.	R	F
c. Helena war die Tochter des spartanischen Königs Menelaos.	R	F
d. Paris nützte Menelaos´ Abwesenheit, um Helena zu entführen.	R	F

I. ÜBERSETZUNGSTEXT (80 Wörter) 42 P.

De Octaviano[1]

Post Caesaris mortem Octavianus, cui eius mors magno dolori erat, Antonium[2] adiit. Qui in Caesaris exercitu imperium obtinuerat et eum ut patrem amaverat. Illi duo viri statuerunt: „Numquam[3] facinus hoc scelere crudelius tulimus. Bellum gerere necesse erit! Ita rem publicam periculo magno liberabimus."

Deinde exercitum paraverunt et contra copias illorum virorum, quos hostes populi Romani putabant, duxerunt. Hi autem, qui celeriter Roma fugerant, ad pugnam iam parati erant. Statim proelium crudele commiserunt, quo brevi tempore plurimi viri ceciderunt.

[1] Octavianus,-i m.: „Oktavian" (Cäsars Adoptivsohn)
[2] Antonius,-i m.: „Antonius" (ein Offizier Cäsars)
[3] numquam: „niemals"

II. ARBEITSAUFGABEN 18 P.

1. Bilde die Adverbia zu den folgenden Adjektiven! 4 P.

a. miser: ______________________ c. brevis: ______________________
b. acer: ______________________ d. bonus: ______________________

2. Setze die fehlenden Formen der Adverbia ein! 6 P.

Grundstufe	Komparativ	Superlativ
		clarissime
	atrocius	
male		

3. Vervollständige die folgenden Sätze! 4 P.

Homer gilt als der Verfasser der beiden Epen ____________ und ____________. Inhalt dieser Epen sind ______________________________________ ____________ und ______________________________. Entstanden sind sie im ______ Jh. v. Chr.

4. Gib zu den Fremdwörtern jeweils das zugrunde liegende lateinische Vokabel in der Lexikonform (= Form, wie sie im Vokabelverzeichnis steht) und dessen Übersetzung an! 3 P.

a. Traktor: ______________________________
b. Konzert: ______________________________
c. Interesse: ______________________________

5. Wie lautet das (lateinische) Motto der modernen olympischen Spiele? 1 P.

____

I. ÜBERSETZUNGSTEXT (88 Wörter) 42 P.

De insania[1] Aiacis[2]

Aiax, filius cuiusdam regis Graeci, tam fortis erat, ut paene nemo eum fortitudine superaret. Solum Achilles[3] ante Troiae moenia fortius pugnabat quam Aiax[2].

Post Achillis[3] mortem Ulixes[4] et Aiax[2] de eius armis magnificis certare coeperunt. Aiax[2] ad ceteros Graecos dixit: „Peto a vobis, ut mihi arma detis. Ego enim inter optimos Achillis[3] amicos eram." At Ulixes[4] Graecis oratione prudenti persuasit, ut ipse arma acciperet.

Magna ira affectus Aiax[2] se recepit. Nocte autem insania[1] adductus ad oves[5] contendit hasque omnes, quia eos viros Graecos putabat, cecidit.

[1] insania,-ae f.: „Wahnsinn"
[2] Aiax,-acis m.: „Ajax" (griech. Held)
[3] Achilles,-is m.: „Achill"
[4] Ulixes,-is m.: „Odysseus"
[5] ovis,-is f.: „Schaf"

II. ARBEITSAUFGABEN 18 P.

1. Bilde zu den folgenden Formen den Konj. Präsens und Imperfekt (in derselben Person)! 6 P.

	Konj. Präsens	Konj. Imperfekt
a. obtines		
b. traho		
c. sunt		

2. Bilde das Adverb in Grundstufe, Komparativ und Superlativ! 3 P.

Adjektiv	Adverb in der Grundstufe	Adverb im Komparativ	Adverb im Superlativ
crudelis			

3. Was bedeutet die Vorsilbe „dis-"? 1 P.

____

4. Setze die fehlenden Namen ein! 6 P.

Nachdem Paris die schöne ______________ geraubt hatte, rief ihr Ehemann ______________ die griechischen Fürsten zu Hilfe. Unter der Führung von ______________ brach ein riesiges Heer zur Belagerung Trojas auf.

Im zehnten Kriegsjahr zog sich Achill gekränkt vom Kampf zurück. Erst nachdem sein Freund ______________ in seiner Rüstung durch die Hand von ______________ gefallen war, nahm er wieder am Kampf teil. Er starb durch einen Pfeil des ______________.

5. Was versteht man unter einer „Achillesferse"? Worauf geht diese Bedeutung zurück? 2 P.

____

____

____

I. ÜBERSETZUNGSTEXT (88 Wörter) 42 P.

De Apollinis amore

Olim Apollo amore puellae pulcherrimae affectus est. Nomen illius virginis, cuius pater erat deus cuiusdam fluminis, erat Daphne[1]. Quae territa celerrime fugit. Apollo flammis amoris incensus voce magna clamavit: „Puella amata, veni ad me! Cuncti homines me deum bonum putant, quia saepe a me adiuti sunt. Tecum vivere, te in matrimonium ducere in animo habeo."

Daphne[1] autem ad flumen patris contendit clamavitque: „Pater, iuva me! Apollo me numquam uxorem habebit!" Et eius verba a patre audita sunt: Ante oculos Apollinis Daphne[1] in arborem mutata[2] est.

[1] Daphne,-es f.: „Daphne" (eine Nymphe)

[2] mutare 1,-avi,-atum: „verwandeln"

II. ARBEITSAUFGABEN 18 P.

1. Setze die folgenden Verba ins Passiv (in derselben Person, Zahl und Zeit)! 4 P.

a. amavimus: ____________________

b. audiveram: ____________________

c. iunxerunt: ____________________

d. abstulit: ____________________

2. Bilde jeweils das Partizip Perfekt Passiv, stimme es mit dem Nomen überein und übersetze die Wortgruppe! 6 P.

a. civem ______________ (occidere): ____________________

b. urbis ______________ (occupare): ____________________

c. manu ______________ (tangere): ____________________

3. Ringle ein, ob die Aussage richtig (R) oder falsch (F) ist! 6 P.

a. Agamemnon hatte Achill eine Sklavin weggenommen.	R	F
b. Odysseus kämpfte in den Waffen Achills.	R	F
c. Achill tötete Hektor.	R	F
d. Odysseus riet zum Bau des hölzernen Pferdes.	R	F
e. Die Trojaner zogen das hölzerne Pferd zur Burg.	R	F
f. Achill verließ nachts das hölzerne Pferd.	R	F

4. Was versteht man unter einem „Danaergeschenk"? Woher kommt der Ausdruck? 2 P.

____

____

____

I. ÜBERSETZUNGSTEXT (89 Wörter) 42 P.

De dolo[1] Ulixis

Cum Helena rapta esset, a Menelao[2], marito eius, viri fortissimi totius Graeciae ad bellum coacti sunt. Ulixes autem, qui ab omnibus vir prudentissimus putabatur, bello se abstinere decreverat. Ab oraculo enim ei responsum erat: „Post illud bellum multos annos a patria prohibeberis." Itaque, ubi Menelaum[2] et ceteros Graecos conspexit, insaniam[3] simulavit[4] et, cum equum et taurum cum aratro[5] coniunxisset, celeriter agros arare[6] coepit. At Graeci dolum[1] Ulixis animadverterunt et filium eius parvum ante aratrum[5] posuerunt. Statim ille, ne filium amatum necaret, arare[6] desiit insaniamque[3] simulatam[4] deposuit.

[1] dolus,-i m.: „List"
[2] Menelaus,-i m.: „Menelaos"
[3] insania,-ae f.: „Wahnsinn"
[4] simulare 1: „vortäuschen"
[5] aratrum,-i n.: „Pflug"
[6] arare 1: „pflügen"

II. ARBEITSAUFGABEN 18 P.

1. Setze die Verba in den Konjunktiv Präsens und Plusquamperfekt (in derselben Person)! 8 P.

Indikativ Präsens	Konjunktiv Präsens	Konjunktiv Plusquamperfekt
a. mandant		
b. incenduntur		
c. includitis		
d. consumitur		

2. Bilde die gesuchten Formen! 4 P.

a. cedo (3 P. Pl. Futur akt.): ____

b. claudo (3. P. Sg. Konj. Präs. pass.): ____

c. studeo (2. P. Pl. Konj. Perf. akt.): ____

d. invito (1. P. Pl. Ind. Plqpf. pass.): ____

3. Gib zu den Fremdwörtern jeweils das zugrunde liegende lateinische Vokabel in der Lexikonform (= Form, wie sie im Vokabelverzeichnis steht) und dessen Übersetzung an! 4 P.

a. Position: ____

b. Subtraktion: ____

c. Tradition: ____

d. Rezeption: ____

4. Wer fand die Reste des antiken Troja? Wie konnte er die Lage der verschütteten Stadt bestimmen? 2 P.

____

____

I. ÜBERSETZUNGSTEXT (83 Wörter) 42 P.

De equo Troiano

Graeci moenia Troiae firmissima iam decem annos frustra oppugnabant. Tum Ulixes, vir ceteris Graecis prudentior, decrevit: „Equum magnum aedificabimus, in quo complures milites includemus. Deinde nos navibus nostris ad quandam insulam recipiemus."

Ita factum est. Troiani, qui castra relicta animadverterant, celeriter ad hunc equum contenderunt. Ibi virum quendam, qui solus in litore manserat, conspexerunt. Qui in concilio Troianorum dixit: „Nolite illud opus delere! Donum deorum est. Vobis magno usui erit." Quod Troiani eius verbis credebant, equus ad arcem tractus est.

II. ARBEITSAUFGABEN 18 P.

1. Setze die Verba jeweils in die beiden fehlenden Zeiten (in derselben Person)! 8 P.

Präsens	Futur	Perfekt
credis		
	tacebo	
		voluit
		noluerunt

2. Bilde von den angegebenen Verba die Prädikate im Perfekt Passiv! 3 P.

a. Urbs ____________________. (incendere)

b. Arma ____________________. (deponere)

c. Ego ____________________. (exspectare)

3. Setze die fehlenden Wörter ein! 3 P.

Als der Priester ____________________ die Trojaner davon abzubringen versuchte, das Pferd in die Stadt zu ziehen, kamen plötzlich zwei ____________________ aus dem Meer und töteten ihn und ____________________.

4. Was versteht man unter einem „Kassandraruf"? Erkläre die Herkunft dieses Ausdrucks! 2 P.

____

____

5. Wie lautet das Motto des Benediktinerordens? Nenne zumindest ein Benediktinerkloster in Österreich! 2 P.

____

____

I. ÜBERSETZUNGSTEXT (84 Wörter) 42 P.

De Laocoontis[1] morte

Cum decem annos ad Troiam pugnatum esset, Graeci intellexerunt: „Troia non nisi dolo[2] expugnabitur." Itaque Ulixes sociis imperavit, ut equum ligneum[3] facerent.

Paulo post Troiani equum in litore inventum in urbem trahere volebant, sed Laocoon[1] magna voce clamavit: „Nolite equo appropinquare! Nonne intellegitis, cur iste equus hic positus sit?"

Celerrime hastam[4] cepit et summa vi in equum iecit. Sed frustra: Subito duo serpentes[5] e mari apparuerunt, qui filios Laocoontis[1] maxime territos occiderunt. Pater ipse, cum pueros adiuvare studeret, crudelissime necatus est.

[1] Laocoon,-ontis m.: „Laokoon" (trojanischer Priester)
[2] dolus,-i m.: „List"
[3] ligneus/a/um: „hölzern"
[4] hasta,-ae f.: „Lanze"
[5] serpens,-entis m.: „Schlange"

II. ARBEITSAUFGABEN 18 P.

1. Übersetze ins Lateinische! 4 P.

a. er will nicht: ______________

b. ich werde wollen: ______________

c. ihr wolltet (Perf.): ______________

d. du willst: ______________

2. Übersetze die folgenden Gliedsätze! 4 P.

a. ..., ne canas. ______________

b. ..., quis cecinerit. ______________

c. ..., cum cecinissetis. ______________

d. ..., cur caneretur. ______________

3. Setze die fehlenden Namen ein! 5 P.

Kassandra war die Tochter des Königs ______________.
Der Gott ______________ hatte Kassandra die Gabe gegeben, in die Zukunft zu schauen.
Als ______________ mit Helena nach Troja kam, warnte Kassandra vor drohendem Unheil.
Nach der Eroberung Trojas musste Kassandra dem ______________ als Sklavin in seine Heimat folgen, wo sie von ______________ ermordet wurde.

4. Ringle ein, ob die Aussage richtig (R) oder falsch (F) ist! 5 P.

a. In der „Ilias" wird nur das letzte Kriegsjahr beschrieben.	R	F
b. Das historische Troja wurde vermutlich um 800 v. Chr. von den Mykenern zerstört.	R	F
c. Die „Odyssee" entstand fast hundert Jahre nach der „Ilias".	R	F
d. Erst gegen Ende des 19. Jh. wurde Troja wieder ausgegraben.	R	F
e. Homer soll angeblich taub gewesen sein.	R	F

I. ÜBERSETZUNGSTEXT (79 Wörter) 42 P.

De discipula improbissima[1]

Quodam die Discordia dea apparuit et celeriter malum[2] inter nonnullas puellas, quae forte aderant, iecit. In quo scriptum[3] erat: „Improbissimae[1]". Statim, quia complures discipulae se improbissimam[1] esse putabant, controversiae acres exstiterunt[4].
„Constat deam hoc malum[2] mihi dedisse, quae in schola a magistro saepe monita sum!", Carolina clamavit malumque[2] comprehendit. At Iulia respondit: „Certe te, cuius parentes numquam in scholam vocati sunt, improbior[1] sum!" Claudia Sophiaque quoque, quarum facinora commissa ignota non sunt, malum[2] deae accipere voluerunt.

[1] improbus/a/um: hier: „schlimm"
[2] malum,-i n.: „Apfel"
[3] scribere 3, scripsi, scriptum: „schreiben"
[4] exsistere 3,-stiti: „entstehen"

II. ARBEITSAUFGABEN 18 P.

1. Setze die fehlenden Infinitive ein! 6 P.

Präsens aktiv	Perfekt aktiv	Perfekt passiv
facere		
	laesisse	
		sublatum esse

2. Ergänze die Lücken! 4 P.

Der ACI muss bei der Übersetzung meist in ______________________________ umgeformt werden. Der Akkusativ wird dabei zum ______________________, der Infinitiv zum ______________________. Der Infinitiv drückt keine bestimmte Zeit aus, sondern ein ______________________.

3. Kreuze die richtigen Aussagen an! Es können ein, zwei oder alle drei Möglichkeiten richtig sein. 4 P.

a. Odysseus ...
- ☐ brauchte zehn Jahre für seine Heimfahrt.
- ☐ tötete Hektor.
- ☐ war der tapferste Grieche.

b. Kassandra ...
- ☐ war die Schwester des Paris.
- ☐ liebte Apollo.
- ☐ sah den Untergang Trojas voraus.

c. Polyphem ...
- ☐ war ein Riese.
- ☐ hatte drei Augen.
- ☐ lebte in einer Höhle.

d. Laokoon ...
- ☐ hatte zwei Söhne.
- ☐ war ein Hirte.
- ☐ warnte vor dem hölzernen Pferd.

4. Was soll Jesus – der lateinischen Version der Bibel zufolge – nach seiner Auferstehung zu Maria Magdalena gesagt haben? Übersetze die Worte auch! 2 P.

____

5. Was versteht man in der Computersprache unter einem „Trojaner"? Was hat das mit der antiken Sage zu tun? 2 P.

____

____

I. ÜBERSETZUNGSTEXT (88 Wörter) 42 P.

Die folgende Sage handelt von Phaëthon, der lange nicht gewusst hatte, wer sein Vater war. Schließlich erfuhr er, dass es sich um den Sonnengott Sol handeln solle. Phaëthon begab sich zu ihm, um einen „Vaterschaftsbeweis" zu verlangen – was aber zu einer Katastrophe führte:

De Phaëthonte[1]

Phaëthon[1], cum patrem iam diu cognoscere vellet, ad domum Solis pervenit. Qui interrogavit: „Quid a me vis?" Ille respondit se documentum[2] a patre postulare: „Multi te non patrem meum putant. Itaque da mihi currum[3] tuum, ut tuos equos alipedes[4] unum diem regam[5]."

Sol, quamquam hoc donum dare nolebat, non iam restitit, sed filium monuit: „Noli equos incitare[6]!" At equi adulescentem celerrime per caelum traxerunt.

Apud poetas Romanos legimus terras compluribus locis incensas esse et paene flammis consumptas esse. Poetae etiam narrant Iovem postremo Phaëthontem[1] fulmine[7] interfecisse.

[1] Phaëthon,-ontis m.: „Phaëthon" (Sohn des Sol)
[2] documentum,-i n.: „Beweis"
[3] currus,-us m.: „Wagen" (gemeint ist der Sonnenwagen, mit dem Sol untertags über den Himmel fährt)
[4] alipes,-pedis: „geflügelt", „mit Flügeln versehen"
[5] regere 3, rexi, rectum: „lenken"
[6] incitare 1: „antreiben"
[7] fulmen,-inis n.: „Blitz"

II. ARBEITSAUFGABEN 18 P.

1. Bilde die Infinitive Perfekt aktiv und passiv! 4 P.

	Infinitiv Perfekt aktiv	Infinitiv Perfekt passiv
a. postulare		
b. laedere		

2. Setze in den Konjunktiv (in derselben Person und Zeit)! 6 P.

Indikativ	Konjunktiv
a. tollimus	
b. delecta es	
c. clausisti	
d. positum erat	
e. promittebatur	
f. abstinuerant	

3. Setze die fehlenden Wörter ein! 5 P.

Nach der Eroberung Trojas sollen Odysseus und seine Gefährten der Sage nach ________________ Jahre für die Heimreise zur Insel ________________ gebraucht und viele Abenteuer erlebt haben. Eines davon spielte sich in der Höhle des Zyklopen ________________ ab: Um die Höhle wieder zu verlassen zu können, ________________ die Griechen den Zyklopen und gelangten dann unbemerkt mit den ________________, die er auf die Weide ließ, ins Freie.

4. Übersetze ins Lateinische: „Ein voller Bauch studiert nicht gern." Woran erkennt man, dass dieser lateinische Spruch nicht aus der Antike stammt? 3 P.

____

I. ÜBERSETZUNGSTEXT (80 Wörter)

42 P.

De Circe[1]

Ulixes et eius socii, postquam insulam Cyclopum[2] celerrime reliquerunt, iterum ad quandam insulam parvam pervenerunt. Nonnulli viri iussu Ulixis hanc insulam explorabant[3] et ad domum pulcherrimam venerunt. Qua in domu iam a Circe[1], filia Solis dei, exspectabantur. Ad cenam quoque invitati sunt, deinde autem quodam potu[4] in animalia mutati[5] sunt. Unus solus, qui hanc domum intrare timuerat, rediit et Ulixi ceteros viros nunc animalia esse narravit. Ille tum ipse Circen[1] petivit et socios iterum in homines mutare[5] coëgit.

[1] Circe,-es f. (Akk.: -en): „Kirke" (eine Zauberin)

[2] Cyclops,-opis m.: „Zyklop"

[3] explorare 1: „erforschen"

[4] potus,-us m.: „(Zauber-)Trank"

[5] mutare 1: „verwandeln"

II. ARBEITSAUFGABEN

18 P.

1. Setze die angegebenen Verba in die zwei fehlenden Zeiten (in derselben Person)! 6 P.

Präsens	Futur	Perfekt
	videbuntur	
appellatur		
		delectae estis

2. Übersetze die folgenden Verbalformen! 4 P.

a. sumuntur: ______________________

b. laedemur: ______________________

c. exercetur: ______________________

d. includimini: ______________________

3. Ringle ein, ob die Aussage richtig (R) oder falsch (F) ist! 4 P.

a. Nero kam durch das Betreiben seiner Mutter Agrippina an die Macht.	R	F
b. Es ist bis heute umstritten, ob Nero Rom in Brand setzen ließ.	R	F
c. Die wiederaufgebaute Stadt hieß fast ein Jahrhundert lang „Neropolis".	R	F
d. Alle unter Kaiser Nero verhafteten Christen wurden gekreuzigt.	R	F

4. Nenne die Kaiser, die vor Nero regierten! 4 P.

a. ______________________ (37–41 n. Chr.) galt als geisteskrank und soll beabsichtigt haben, sein Lieblingspferd zum Konsul zu machen.

b. ______________________ (14–37 n. Chr.) war der Stiefsohn des Augustus und zog sich im Alter auf Capri zurück.

c. ______________________ (27 v.–14 n. Chr.) sorgte durch seine besonnene Politik für stabile innenpolitische Verhältnisse.

d. ______________________ (41–54 n. Chr.) wurde von seiner vierten Ehefrau vergiftet.

I. ÜBERSETZUNGSTEXT (86 Wörter) 42 P.

De Theseo[1]

Theseum[1] magnam gloriam sibi paravisse vobis certe ignotum non est. De quo viro claro hoc legimus: Theseus, cum Minotaurum[2] semper filios filiasque Atheniensium[3] devorare[4] audivisset, statim ipse cum liberis delectis in Cretam[5] navigare constituit. Ad eorum parentes dixit: „Ne fleveritis! Minotaurum[2] occidam, ut vos illo malo[6] liberem. Omnes liberi vobis mox reddentur."

In Creta[5] Theseus Minotaurum[2], qui in labyrintho[7] inclusus erat, adiit gladioque interfecit. Postea auxilio Ariadnae[8], filiae regis, labyrinthum[7] brevi tempore reliquit. Cuius enim exitum numquam invenisset, nisi ab illa virgine adiutus esset.

[1] Theseus,-i m.: „Theseus"
[2] Minotaurus,-i m.: „Minotaurus"
[3] Athenienses,-ium m. (Pl.): „die Athener"
[4] devorare 1: „fressen"
[5] Creta,-ae f.: „Kreta"
[6] malum,-i n.: „Unheil"
[7] labyrinthus,-i m.: „Labyrinth"
[8] Ariadna,-ae f.: „Ariadne"

II. ARBEITSAUFGABEN 18 P.

1. Setze die Verba in den Konjunktiv (in derselben Person und Zeit) und übersetze die gebildeten Formen (als Konjunktiv im Hauptsatz)! 8 P.

Indikativ	Konjunktiv	Übersetzung des Konjunktivs
a. accusat		
b. caesus erat		
c. invitabamini		
d. duxeratis		

2. Bilde jeweils die aktiven bzw. passiven Infinitive! 4 P.

a. ornavisse → ______________________

b. ______________________ ← promissum esse

c. aperuisse → ______________________

d. ______________________ ← tractum esse

3. Erkläre die Angabe „anno a.u.c. DLI "! 2 P.

a. Welches Jahr nach christlicher Zeitrechnung wird damit bezeichnet? ______________________

b. Für welche lateinischen Wörter steht „a.u.c."? ______________________

4. Vervollständige die folgenden Sätze! 4 P.

Den Palast, den sich Nero nach dem Brand errichten ließ, nannte man ______________________.
Einige Christen starben, indem sie in den Gärten Neros ______________________.
Bevor Nero an die Macht kam, regierte ______________________. Er starb an ______________________
______________________.

I. ÜBERSETZUNGSTEXT (85 Wörter) 42 P.

De Spartaco[1]

Spartacus[1] gladiator fortissimus fuisse dicitur. Qui olim cum compluribus sociis fugere potuit. Postquam plurimos servos fugisse Romam relatum est, senatus, qui verum periculum non intellexit, paucos copias contra eos misit. At illae copiae a servis, quibus maxima fortitudo erat, brevi tempore victae sunt.

Deinde Spartacus[1] servos ex Italia[2] in libertatem ducere in animo habebat; illi autem, quia praedae[3] cupidissimi erant, in Italia manere et bellum gerere constituerunt. Ita multitudo servorum Romam contendit, ubi iam ab exercitu ingenti exspectabatur et proelio atroci victa est.

[1] Spartacus,-i m.: „Spartakus"
[2] Italia,-ae f.: „Italien"
[3] praeda,-ae f.: „Beute"

II. ARBEITSAUFGABEN 18 P.

1. Bilde zu den folgenden Verba angeführten Infinitive! 8 P.

	Inf. Präs. aktiv	Inf. Präs. passiv	Inf. Perf. aktiv	Inf. Perf. passiv
a. puto				
b. ago				

2. Bestimme bei den folgenden Formen, ob es sich um die 1. Person Perfekt aktiv, den Infinitiv Präsens passiv oder um beides handelt! 4 P.

a. condi
- ☐ 1. P. Perf. akt.
- ☐ Inf. Präs. pass.
- ☐ beides

b. defendi
- ☐ 1. P. Perf. akt.
- ☐ Inf. Präs. pass.
- ☐ beides

c. statui
- ☐ 1. P. Perf. akt.
- ☐ Inf. Präs. pass.
- ☐ beides

d. inveni
- ☐ 1. P. Perf. akt.
- ☐ Inf. Präs. pass.
- ☐ beides

3. Ergänze die Lücken! 4 P.

Während der Christenverfolgung unter Kaiser ____________________ war auch Petrus verhaftet worden. Mit Hilfe von Freunden konnte er aber flüchten und verließ auf der Via ______________ die Stadt. Da sah er plötzlich ____________________, der ihm entgegenkam. Auf Grund dieser Erscheinung kehrte er wieder um, wurde abermals verhaftet und starb durch den Tod am Kreuz. Das Besondere an seiner Hinrichtung war, dass

____.

4. Die Bedeutung der folgenden lateinischen Vokabel kannst du dir selbst herleiten. Was bedeuten sie? 2 P.

a. remittere: ________________________________

b. reponere: ________________________________

I. ÜBERSETZUNGSTEXT (87 Wörter) 42 P.

De incendio urbis Romae

Nero, unus ex improbissimis imperatoribus Romanis, ipse Romam urbem igne atroci delevisse dicitur. Apud Tacitum[1] auctorem legimus principem carmen de Troia deleta cecinisse, cum incendium spectaret. Nero enim gloriae cupidissimus erat crediditque se optimum cantatorem[2] totius mundi esse.

Deinde, ne ipse auctor incendii putaretur, Nero imperavit: „Christiani, qui hoc scelus atrox commiserunt, comprehendantur ac interficiantur!"

Cum hoc incendio magnae partes urbis Romae vastatae essent, Nero media in urbe domum ingentem aedificari iussit. Etiam urbem suo nomine appellavisset, nisi cives Romani huic consilio restitissent.

[1] Tacitus,-i m.: „Tacitus" (röm. Geschichtsschreiber)

[2] cantator,-oris m.: „Sänger"

II. ARBEITSAUFGABEN 18 P.

1. Bilde die Infinitive Präsens Passiv und Futur Aktiv! 6 P.

	Infinitiv Präsens Passiv	Infinitiv Futur Aktiv
a. postulare		
b. condere		
c. augere		

2. Bilde die gewünschten Formen von „laedo" und übersetze sie! 6 P.

a. 3. P. Sg. Konj. Präs. akt.: ______________ = ______________

b. 1. P. Pl. Konj. Impf. pass.: ______________ = ______________

c. 3. P. Pl. Konj. Plqpf. pass.: ______________ = ______________

3. Ringle ein, ob die Aussage richtig (R) oder falsch (F) ist! 4 P.

a. Nero betrachtete von seiner „Domus Aurea" aus den Brand Roms.	R	F
b. Die Christen hatten Rom angezündet.	R	F
c. Petrus musste erst zur Flucht überredet werden.	R	F
d. Petrus wollte genauso wie Jesus sterben.	R	F

4. Mit welchen Worten soll Petrus bei seiner Flucht aus Rom Jesus angesprochen haben? 1 P.

____

5. Wofür ist die Via Appia, auf der Petrus Jesus begegnet sein soll, heute sonst noch bekannt? 1 P.

____

I. ÜBERSETZUNGSTEXT (90 Wörter) 42 P.

De sancto Floriano[1]

Inter illos viros sanctos, a quibus etiam nostris temporibus auxilium petitur, etiam Florianus est. Qui illo tempore, quo Romani ad Danuvium[2] contra hostes pugnabant, in castris Romanorum magistratus[3] fuisse dicitur.

Quodam die Romani, quibus Christiani odiosi[4] erant, complures homines in[5] Christum credentes comprehenderunt. Scimus Florianum[1] illis viris feminisque inclusis auxilio venisse.

Florianus in carcerem[6] veniens a Romanis iussus est: „Ora ad deos nostros!" Quod autem Florianus hoc facere noluit, ibi cum saxo collo alligato[7] in flumen iactus esse dicitur. Prope[8] hunc locum nunc est monasterium[9] Sancti Floriani[1].

[1] Florianus,-i m.: „Florian"
[2] Danuvius,-i m.: „Donau""
[3] magistratus,-us m.: „Beamter"
[4] odiosus/a/um: „verhasst"
[5] in (+ Akk.): hier: „an"
[6] carcer,-eris m.: „Gefängnis"
[7] collo alligare: „um den Hals binden"
[8] prope (+ Akk.): „nahe bei"
[9] monasterium,-i n.: „Kloster"

II. ARBEITSAUFGABEN 18 P.

1. Bilde von „condere" die folgenden Formen! 5 P.

a. Infinitiv Präsens passiv: ______________________

b. Infinitiv Perfekt aktiv: ______________________

c. Infinitiv Perfekt passiv: ______________________

d. Partizip Präsens aktiv: ______________________

e. Partizip Perfekt passiv: ______________________

2. Ergänze die Lücken! 5 P.

a. Das Partizip Präsens erkennt man an der Endung ________ im 1. F. Sg. bzw. an der Buchstabengrupe ________ in den übrigen Fällen.

b. Wenn das Partizip nicht direkt neben einem Nomen steht, muss man es mit einem ______________________ übersetzen.

c. Das Partizip Präsens wird immer ________-zeitig, das Partizip Perfekt immer ________-zeitig zur Handlung im Hauptsatz übersetzt.

3. Nenne die Namen dreier römischer Städte auf dem Gebiet des heutigen Österreich und ihre heutigen Bezeichnungen! 3 P.

____

____

4. Welcher Teil des heutigen Österreich gehörte nie zum römischen Reich? Was könnte der Grund dafür gewesen sein? 2 P.

____

5. Übersetze ins Lateinische: „Die anderen mögen Kriege führen, du, glückliches Österreich, heirate!" Worauf spielt dieser Spruch an? 3 P.

____

____

I. ÜBERSETZUNGSTEXT (82 Wörter) 42 P.

Ein schrecklicher Drache versetzte die Bewohner einer libyschen Stadt in großen Schrecken. Um ihn zu beruhigen, warf man ihm täglich zwei Schafe zum Fraß vor. Als der Vorrat an Schafen jedoch ausging, wurde durch das Los ein Mensch als „Drachenfutter" bestimmt. Das Los fiel auf die Königstochter. Ihr Vater war schon der Verzweiflung nahe, da tauchte ein unerwarteter Retter auf:

De Georgio[1] equite

Rex, cum se filiam amatam servare non posse intellexisset, puellam sine ulla spe salutis ad draconem[2] misit. Forte Georgius[1] eques eo pervenit et puellam flentem conspexit. Postquam ea multis cum lacrimis narravit, cur draconi[2] traderetur, Georgius[1] dixit: „Ne timueris! Draconem occidam, ne intereas." Post pugnam atrocem Georgius[1] draconem[2] graviter laesum tandem interfecit. Rex illi equiti forti gratias egit eique copiam auri dedit, quod ille pauperibus[3] donavisse dicitur. Postea Georgius[1] civibus hoc miraculum laudantibus narravit se draconem[2] auxilio Dei vicisse.

[1] Georgius,-i m.: „Georg"
[2] draco,-onis m.: „Drache"
[3] pauper,-eris m.: „der Arme"

II. ARBEITSAUFGABEN 18 P.

1. Bilde von den folgenden Verba die Partizipia Präsens und Perfekt! 4 P.

	Partizip Präsens Aktiv	Partizip Perfekt Passiv
a. dividere		
b. referre		

2. Ergänze die Endungen der Partizipia in Übereinstimmung mit den Nomina und übersetze die Wortgruppen! 6 P.

a. socium rogan________: ______________________

b. uxori accusat________: ______________________

c. a copiis vincen________: ______________________

3. Gib die Bedeutung der Fremdwörter an und erkläre, wovon sie sich ableiten! 4 P.

	Bedeutung des Fremdwortes	lat. Grundwort + vollständige Formen
a. publizieren		
b. dominieren		

4. Wie lautete der Wahlspruch des Kaisers Friedrich III., der oft nur mit der Abkürzung „AEIOU" dargestellt wird? Nenne die deutsche und eine lateinische Version! 3 P.

____

____

5. Warum ist in Wien eine Straße nach Kaiser Mark Aurel benannt? 1 P.

____

I. ÜBERSETZUNGSTEXT (81 Wörter) 42 P.

De matre Constantini[1]

Omnibus hostibus victis Constantinus Helenam[2] matrem, quam maxime amavisse dicitur, Romam vocavit eique domum magnificam aedificavit. Quadam nocte Helena in somnio[3] audivit vocem dicentem: „Hierosolymam[4] adi ac sepulcrum[5] Christi vastatum quaere!" Huic iusso divino paruit et Terram Sanctam petivit. Ibi Helena sepulcrum[5] summo studio quaerens cognovit templum Veneris olim supra[6] hunc locum sacrum aedificatum esse. Helena statim istud templum deleri iussit: Sub templo autem non solum sepulcrum[5], sed etiam crux, in qua Christus mortem obiit[7], inventa esse dicitur.

[1] Constantinus,-i m.: „Konstantin"
[2] Helena,-ae f.: „Helena"
[3] somnium,-i n.: „Traum"
[4] Hierosolyma,-ae f.: „Jerusalem"
[5] sepulcrum,-i n.: „Grab"
[6] supra (+ Akk): „über"
[7] obire,-ii: „erleiden"

II. ARBEITSAUFGABEN 18 P.

1. Bilde die gesuchten Partizipia und stimme sie mit den angegebenen Nomina überein! 3 P.
Bsp.: puella (amare, PPP) → puella amata

a. equitibus ______________________ (mittere, PPP)
b. amicis ______________________ (advenire, PPA)
c. dictatore ______________________ (deligere, PPP)

2. Übersetze die folgenden Ablativi absoluti mit Temporalsätzen („während" / „nachdem")! 6 P.

a. imperatore rogato: ______________________
b. femina accusante: ______________________
c. castris defensis: ______________________

3. Setze die fehlenden Namen ein! 6 P.

Zum ersten Mal verfolgt wurden Christen im römischen Reich unter Kaiser ______________, der von seinen eigenen Verbrechen ablenken wollte. Unter Kaiser ______________ soll das römische Heer nach Gebeten zum Christengott durch ein Wunder eine schon verloren geglaubte Schlacht gegen die ______________ gewonnen haben. Diese Schlacht fand nördlich des Flusses ______________ statt. Zu den schlimmsten Christenverfolgungen kam es Anfang des 4. Jh. unter Kaiser ______________. Der erste Kaiser, der sich taufen ließ, war ______________.

4. In welchen römischen Provinzen befanden sich die folgenden österreichischen Bundesländer? 3 P.

a. Vorarlberg: ______________________
b. Salzburg: ______________________
c. Kärnten: ______________________

I. ÜBERSETZUNGSTEXT (83 Wörter) 42 P.

De bello feliciter gesto

Marcus Aurelius[1], imperator artem et litteras maxime amans, multos annos bellum gerere cogebatur. Eo enim tempore nonnullae gentes trans Danuvium[2] habitantes fines imperii Romani saepe adibant vastabantque. Quibus rebus cognitis imperator hanc iniuriam non iam tolerans in provinciam Pannoniam[3] contendit, ut ibi bellum contra Germanos[4] pararet. Cum illos iterum finibus suis exisse nuntiatum esset, imperator statim copias suas contra hostes duxit eosque proelio acerrimo imperio Romano expulit. Deinde Marcus Aurelius auxilio divino Germanos[4] etiam in finibus eorum vicisse dicitur.

[1] Marcus (-i) Aurelius (-i) m.: „Mark Aurel"

[2] Danuvius,-i m.: „Donau"

[3] Pannonia,-ae f.: „Pannonien" (röm. Provinz in Österreich)

[4] Germani,-orum m. (Pl.): „die Germanen"

II. ARBEITSAUFGABEN 18 P.

1. Ergänze die fehlenden Endungen der folgenden Ablativi absoluti und übersetze! 4 P.

a. exercitu traduct_____: ______________________________

b. uxore dubitant______: ______________________________

2. Setze die fehlenden Wörter ein! 5 P.

Ein Ablativus absolutus besteht aus einem ________________ oder Pronomen im Ablativ und einem damit übereingestimmten ________________. Diese Wortgruppe wird mit einem Gliedsatz übersetzt. Der Gliedsatz ist beim Partizip Präsens (in allen Fällen außer dem 1. F. Sg. erkennbar an der Buchstabengruppe ____________) immer ________________-zeitig, beim Partizip Perfekt immer ________________-zeitig zum Prädikat zu übersetzen.

3. Gib zu den Fremdwörtern jeweils das zugrunde liegende lateinische Vokabel in der Lexikonform (= Form, wie sie im Vokabelverzeichnis steht) und dessen Übersetzung an! 3 P.

a. Puls: ______________________________

b. Camping: ______________________________

c. gravierend: ______________________________

4. Ringle ein, ob die Aussage richtig (R) oder falsch (F) ist! 6 P.

a. Konstantin musste gegen Mark Aurel um die Herrschaft kämpfen.	R	F
b. In der Nacht vor der Schlacht sah Konstantin Christus im Traum.	R	F
c. Konstantin siegte durch ein plötzlich auftretendes Gewitter.	R	F
d. Konstantin ließ sich taufen.	R	F
e. Konstantin machte das Christentum zur alleinigen Staatsreligion.	R	F
f. Konstantin verlegte den Regierungssitz nach Konstantinopel.	R	F

I. ÜBERSETZUNGSTEXT (87 Wörter) 42 P.

De Laurentii[1] morte

Cuidam principi Romano olim relatum est Laurentium[1] cultum deorum antiquorum neglegere. Itaque eum ad se duci iussit postulavitque: „Immola[2] dis Romanis! Nisi parebis, crudeliter interficieris." His verbis auditis Laurentius[1] sine ullo timore dixit se istis dis immolare[2] nolle. Itaque Laurentius iussu principis in craticulo[3], quod super[4] ignem positum erat, fixus[5] est. At magno cum gaudio dolores pati videbatur. Denique locutus esse dicitur: „Me nunc vertere potestis. Ita altera quoque pars corporis mei torrebitur[6]." Deinde Laurentius animo laeto ad Deum suum orans e vita cessit.

[1] Laurentius,-i m.: „Laurentius" (ein frühchristlicher Erzdiakon)

[2] immolare 1: „ein Opfer bringen"

[3] craticulum,-i n.: „(Grill-)Rost"

[4] super (+ Akk.): „über"

[5] figere 3, fixi, fixum: „befestigen"

[6] torrere 2, torrui, tostum: „grillen"

II. ARBEITSAUFGABEN 18 P.

1. Bilde das Imperfekt bzw. Perfekt (in derselben Person) und übersetze! 6 P.

Imperfekt	Perfekt	Übersetzung
verebamur		
	hortati estis	
tegebatur		

2. Übersetze die folgenden Verbalformen! 4 P.

a. premi: ______________________ c. sequere: ______________________

b. queri: ______________________ d. pellere: ______________________

3. Ergänze den „Steckbrief" des hl. Martin! 5 P.

a. Herkunft: ______________________

b. Gebiet des Wirkens: ______________________

c. Beruf: zuerst ______________________, später ______________________

d. erkennbar an: ______________________

4. Wenn du die Lebensgeschichten einiger Heiliger betrachtest, kannst du sicher erklären, wie sie zu ihren Patronaten gekommen sind. Warum ist also ... 3 P.

a. ... Laurentius Schutzpatron der Köche?

____

b. ... Martin Schutzpatron der Schneider?

____

c. ... Florian Schutzpatron der Feuerwehrleute?

____

I. ÜBERSETZUNGSTEXT (84 Wörter) 42 P.

De anseribus[1] iuvantibus

Constat olim anseres[1] clamando Romanos bene dormientes a Gallis servavisse. Sed etiam in alia historia[2] de anseribus[1] clamantibus legimus. Nam homines Martinum[3], qui media hieme virum pauperem veste sua dividenda adiuverat, nonnullis annis post propter[4] haec atque alia beneficia eius episcopum[5] facere voluerunt. At Martinus, cum se hac re dignum esse non putaret, celerrime in stabulum[6], in quo praeter alia animalia anseres[1] quoque erant, fugit. Sed hominibus appropinquantibus anseres[1] clamare coeperunt. Homines hunc clamorem audientes in stabulum[6] intraverunt et Martinum[3] invenerunt.

[1] anser,-eris m.: „Gans"
[2] historia,-ae f.: „Geschichte"
[3] Martinus,-i m.: „Martin"
[4] propter (+ Akk.): „wegen"
[5] episcopus,-i m.: „Bischof"
[6] stabulum,-i n.: „Stall"

II. ARBEITSAUFGABEN 18 P.

1. Bilde die in Klammer angeführten Formen und übersetze sie! 6 P.

a. loqui (3. P. Pl. Imperfekt): ____________________ = ____________________
b. vereri (1. P. Pl. Futur): ____________________ = ____________________
c. pati (2. P. Sg. Perfekt): ____________________ = ____________________

2. Übersetze! 6 P.

a. in oppidis expugnandis: ____________________
b. occasio oppidi expugnandi: ____________________
c. oppidum expugnandum est: ____________________

3. Kreuze jeweils die richtige Aussage an! 3 P.

a. Der heilige Martin …
- ☐ gründete Klöster in Gallien.
- ☐ ist Schutzpatron der Feuerwehr.
- ☐ sah das Zeichen Christi im Traum.

b. Der heilige Florian …
- ☐ starb unter Kaiser Nero.
- ☐ ist in Oberösterreich begraben.
- ☐ wurde lebendig verbrannt.

c. Der heilige Severin …
- ☐ ist Schutzpatron der Bettler.
- ☐ diente im römischen Heer.
- ☐ lebte in Noricum.

4. Übersetze ins Lateinische: „Ein gesunder Geist in einem gesunden Körper"! In welchem Zusammenhang wird der Spruch heute verwendet? 3 P.

____

____

I. ÜBERSETZUNGSTEXT (80 Wörter) — 42 P.

De Actaeone[1] mutato

Olim Actaeon[1] solus per silvas errans ad fontem venit, ubi nonnullas feminas nudas conspexit. Quod haec res plurimis viris placere solet, non fugit, sed clam eas spectabat.

Subito quaedam virgo voce magna clamavisse dicitur: „Ecce, adulescens nos spectare audet!" Deinde ad eum locuta est: „Quamquam nos nudas vidisti, ceteris hominibus de hac re narrare non poteris." His verbis dictis in eius fronte cornua[2] crescere coeperunt. Ille tum de fortuna sua questurus erat, sed loqui non iam potuit.

[1] Actaeon,-onis m.: „Aktäon"

[2] cornua,-uum n. (Pl.): „Geweih"

II. ARBEITSAUFGABEN — 18 P.

1. Setze das Objekt im richtigen Fall ein und übersetze! 6 P.

a. ______________________ utor. (manus, Pl.)

____

b. ______________________ sequebamur. (magister, Sg.)

____

c. ______________________ fruimini. (cena, Sg.)

____

2. Ergänze die fehlenden Wörter bzw. Silben! 5 P.

a. Ein Verb mit passiver Form, aber aktiver Bedeutung, nennt man ______________________.
Ein Verb mit aktiven Präsensstammformen, aber passiven Perfektstammformen nennt man ______________________.

b. Das Partizip Futur (Erkennungszeichen: ______________________) bildet mit „esse" den ______________________. Ohne Form von „esse", also als Participium coniunctum, wird es mit ______________________ übersetzt.

3. Gib die Bedeutung der Fremdwörter an und erkläre, wovon sie sich ableiten! 4 P.

	Bedeutung des Fremdwortes	lat. Grundwort + Formen
a. Utensilien		
b. Passion		

4. Von welcher Göttin wurde Aktäon verwandelt? 3 P.

römischer Name	griechischer Name	Zuständigkeitsbereich

I. ÜBERSETZUNGSTEXT (79 Wörter) 42 P.

De sancto Severino[1]

In quibusdam finibus, qui saepe a Germanis[2] vastabantur, sanctus Severinus[1] saepe ab incolis auxilio vocabatur eosque adiuvabat. Olim agris iterum vastatis homines ad Severinum[1] convenerunt et questi sunt: „Quid faciamus? Famem pati non iam possumus. Adiuva nos!" Severinus[1], postquam se eos adiuturum esse pollicitus est, ad quandam mulierem divitem contendit dixitque: „Cognovi te ingentem frumenti copiam possidere. Nefas[3] est te hanc copiam retinere[4] et alios homines fame interire." Quibus verbis auditis mulier frumentum hominibus pauperibus donavit.

[1] Severinus,-i m.: „Severin"
[2] Germani,-orum m. (Pl.): „die Germanen"
[3] nefas n.: „Unrecht", „Frevel"
[4] retinere 2,-tinui,-tentum: „zurückhalten"

II. ARBEITSAUFGABEN 18 P.

1. Setze die folgenden Verba in den Konjunktiv Präsens! 6 P.

a. mutant: ____________________
b. crescunt: ____________________
c. postulo: ____________________
d. loqueris: ____________________
e. sunt: ____________________
f. it: ____________________

2. Übersetze auf sinnvolle Weise! 4 P.

a. loquantur: ____________________
b. abeamus: ____________________
c. conetur: ____________________
d. veniatis: ____________________

3. Ergänze die folgenden Sätze zur Geschichte von Kallisto! 3 P.

a. Jupiter verwandelt sich in Diana, um ____________________
____________________.

b. Kallisto will nicht baden, weil sie Angst hat, dass ____________________
____________________.

c. Juno verwandelt Kallisto, damit ____________________
____________________.

4. Ringle ein, ob die Aussage richtig (R) oder falsch (F) ist! 3 P.

a. Römische Frauen durften nicht wählen.	R	F
b. Römische Frauen durften sich niemals scheiden lassen.	R	F
c. Römische Frauen durften kein Theater besuchen.	R	F

5. Übersetze ins Lateinische: „Ich denke, also bin ich." Von wem stammt der Ausspruch? 2 P.

____

I. ÜBERSETZUNGSTEXT (92 Wörter)

42 P.

De Quinto discipulo

Sole iam in caelo fulgente[1] Quintus oculos aperuit. Statim intellexit se hoc die sero[2] in scholam venturum esse. Secum cogitabat: „Num nunc in scholam eam? Certe magister clamaret, si nunc venirem. – Hodie amici soli in schola sedeant!" Deinde ad mare profectus est.

Eodem tempore magister in schola a discipulis quaesivit: „Quis deest?" Nomine Quinti audito magister clamavit: „Utinam Quintus saepius[3] in scholam veniret! Parentibus epistulam scribam iisque de filio improbo narrabo." Qua epistula postero die accepta parentes maxime irati fuerunt et dixerunt: „Poenae causa[4] tres dies domi manere debes!"

[1] fulgere 2, fulsi: „leuchten", „strahlen"
[2] sero (Adv.): „zu spät"
[3] saepius: Komparativ zu saepe
[4] causa (nach Genetiv): „wegen"

II. ARBEITSAUFGABEN

18 P.

1. Ergänze die fehlenden Formen! 8 P.

Indikativ Präsens	Konjunktiv Präsens	Konjunktiv Imperfekt
crescunt		
		scires
	arbitremur	
potest		

2. Welche Übersetzung ist richtig? Es können eine, zwei oder alle drei Möglichkeiten richtig sein. 3 P.

a. arbitreris
- ☐ du würdest glauben
- ☐ du könntest glauben
- ☐ du sollst glauben

b. advenirent
- ☐ sie kommen an
- ☐ sie kämen an
- ☐ sie würden ankommen

c. conamur
- ☐ wir versuchen
- ☐ wir könnten versuchen
- ☐ lasst uns versuchen

3. Beantworte die folgenden Fragen zur Geschichte von Hero und Leander! 5 P.

a. Wo spielt die Geschichte? ______________________

b. Warum muss Leander Hero immer heimlich besuchen? ______________________

c. Warum kann er so lange nicht zu ihr kommen? ______________________

d. Warum findet er dann nicht zu ihr? ______________________

e. Was macht Hero, als sie Leander findet? ______________________

4. Mit welchen Worten begrüßten die Gladiatoren den Kaiser beim Einzug in die Arena? Übersetze die Worte auch! 2 P.

____

____

I. ÜBERSETZUNGSTEXT (78 Wörter) 42 P.

De liberis regiis

Erant olim duo amantes: filius filiaque duorum regum. Regna autem quodam flumine divisa erant. Saepe illi duo in utroque litore fluminis stantes querebantur: „Numquam conveniemus; aqua altior est." Tum virgo ad iuvenem amatum clamavit: „Nonne natare[1] potes? Noctu clam venias. Tria lumina tibi statuam, quae tibi viam monstrabunt." Utinam hoc ne dixisset! Proxima enim nocte iuvenis profectus est. At mulier quaedam improbissima illo natante[1] lumina extinxit[2]. Ita iuvenis litus frustra quaerens in aqua mortuus est.

[1] natare 1,-avi,-atum: „schwimmen"

[2] extinguere 3,-tinxi,-tinctum: „auslöschen"

II. ARBEITSAUFGABEN 18 P.

1. Übersetze die folgenden Formen von „fieri" auf sinnvolle Weise! 4 P.

   a. fis:
   b. fiat:
   c. factum esset:
   d. fieret:

2. Setze die folgenden Verba in die drei Konjunktive (in derselben Person)! 6 P.

	Konjunktiv Präsens	Konjunktiv Imperfekt	Konjunktiv Plusquamperf.
a. oramus			
b. conceditur			

3. Welches lateinische Verb steckt in unserem Wort „Münze"? Erkläre den Zusammenhang zwischen den beiden Wörtern! 2 P.

4. Vervollständige die folgenden Sätze! 3 P.

   a. König Midas durfte sich von Bacchus etwas wünschen, weil
   b. König Midas wünschte sich vom Gott Bacchus, dass
   c. Später verfluchte er diesen Wunsch, weil

5. Übersetze ins Lateinische: „Wenn du geschwiegen hättest, wärest du ein Philosoph geblieben." 2 P.

6. Wie hieß die Münze, die mehr wert war als ein As und weniger als ein Denarius? 1 P.

I. ÜBERSETZUNGSTEXT (79 Wörter) 42 P.

De iudicio Paridis[1]

Iuppiter olim tres deas de pulchritudine certantes ad Paridem[1] misit. Cui malum[2] dedit dixitque: „Hoc malum[2] pulcherrima dea accipiat!" Paride[1] deas adspiciente Iuno locuta est: „Si mihi malum[2] des, potestatem ingentem accipias." Deinde Minerva ei fortitudinem summam pollicita est. Postremo Venus dixit: „Ne malum[2] istis deis dederis! Me delige et mox mulierem pulcherrimam in matrimonium duces."

Quibus verbis auditis Paris statim Venerem pulcherrimam appellavit. Utinam hoc ne fecisset! Ita enim sibi odium duarum dearum potentissimarum paravit.

[1] Paris,-idis m.: „Paris"

[2] malum,-i n.: „Apfel"

II. ARBEITSAUFGABEN 18 P.

1. Setze in den Konjunktiv Perfekt (in derselben Person) und übersetze diese Form dann! 6 P.

a. censes: ______________ = ______________

b. loquitur: ______________ = ______________

c. dicunt: ______________ = ______________

2. Setze die fehlenden Wörter ein! 5 P.

a. Der Konjunktiv Präsens wird mit ______________ oder ______________ bzw. in der 1. P. Pl. mit ______________ übersetzt.

b. Der Konjunktiv Perfekt wird mit ______________ übersetzt; in Verbindung mit ______________ drückt er ein Verbot aus.

3. Was versteht man heutzutage unter dem „Vetorecht"? Wer hatte in Rom dieses Recht? 2 P.

____

____

4. Ringle ein, ob die Aussage richtig (R) oder falsch (F) ist! 3 P.

a. Jupiter schickte Amor zu Psyche, um sie zu bestrafen.	R	F
b. Amor verließ Psyche immer bei Einbruch der Nacht.	R	F
c. Amor und Psyche hatten eine gemeinsame Tochter.	R	F

5. Erkläre den Ausdruck „Panem et circenses": Was bedeuten die Worte? In welchem Zusammenhang wurden bzw. werden sie gebraucht? 2 P.

____

____

I. ÜBERSETZUNGSTEXT (81 Wörter) 36 P.

De morte Icari[1]

Daedalus[2], cum labyrinthum[3] aedificavisset, a rege petivit, ut sibi liceret cum Icaro[1] filio domum reverti. Ille autem Daedalo[2] libertatem dare noluit. Hac re animadversa Daedalus[2] sibi filioque alas[4] fecit, ut per caelum fugerent. Deinde filio imperavit, ut ad se veniret, dixitque: „Tibi alas[4] cera[5] coniunctas dabo. His alis[4] insulam relinquemus. Sed ne soli appropinquaveris, ne alae[4] tuae incendantur!“

Cum autem profecti essent, Icarus[1] verba patris neglegens altius volavit[6]. Ita accidit, ut cera[5] molliretur[7] et Icarus[1] in mare caderet.

[1] Icarus,-i m.: „Ikarus“
[2] Daedalus,-i m.: „Dädalus“
[3] labyrinthus,-i m.: „Labyrinth“
[4] ala,-ae f.: „Flügel“
[5] cera,-ae f.: „Wachs“
[6] volare 1: „fliegen“
[7] mollire 4: Passiv: „schmelzen“

II. ARBEITSAUFGABEN 24 P.

1. Übersetze „ut discerent“ auf vier unterschiedliche Arten! 4 P.

a. ____________________ c. ____________________
b. ____________________ d. ____________________

2. Setze die gesuchten Formen ein und übersetze! 6 P.

a. cum ____________________ (intellegere, 3. P. Pl. Konjunktiv Imperfekt aktiv)

____

b. cum ____________________ (polliceri, 3. P. Sg. Indikativ Imperfekt aktiv)

____

c. cum ____________________ (damnare, 2. P. Pl. Konjunktiv Plusquamperfekt passiv)

____

3. Gib die Bedeutung der Fremdwörter an und erkläre, wovon sie sich ableiten! 6 P.

	Bedeutung des Fremdwortes	lat. Grundwort + Formen
a. Effekt		
b. Transit		
c. Orient		

4. Setze die fehlenden Wörter ein! 8 P.

a. Unter einem Damoklesschwert versteht man heute ____________________ ____________________. Der Ausdruck geht auf Damokles zurück, der Dionysios, den Tyrann von ____________________, um dessen ____________________ beneidete.

b. Der Begriff „Tyrann“ bedeutete ursprünglich ____________________.

c. In Schillers Ballade „Die ____________________“ geht es um Damon, der zum Tode verurteilt wurde, weil er ____________________. Nach einer Frist von drei Tagen, in der er ____________________ als Geisel zurückließ, kehrte er freiwillig zurück. Dionysios war von der Treue Damons so angetan, dass er ____________________.

I. ÜBERSETZUNGSTEXT (84 Wörter) 36 P.

De Aesculapio[1]

Cum urbs quondam pestilentia[2] vexaretur[3], Romani timebant, ne omnes interirent. Itaque constituerunt: „Oraculum consulamus, quomodo isto malo liberemur!" Ab oraculo iis imperatum est, ut in Graeciam proficiscerentur et Aesculapium[1] deum Romam traducerent.

Qua re audita legati iter in Graeciam fecerunt et statuam illius dei in navem tulerunt. Cum domum navigabant, viri subito serpentem[4] ante statuam conspexerunt. Primo admirati sunt, deinde intellexerunt eum serpentem[4] deum ipsum esse. Serpens[4] autem navem Romae appropinquantem reliquit et in insulam fugit. Itaque ibi templum Aesculapii[1] aedificatum est.

[1] Aesculapius,-i m.: „Äskulap" (Heilgott)
[2] pestilentia,-ae f.: „Seuche"
[3] vexare 1,-avi,-atum: „quälen", „plagen"
[4] serpens,-entis m.: „Schlange"

II. ARBEITSAUFGABEN 24 P.

1. Übersetze die folgenden Gliedsätze! 6 P.

a. ..., ut legas. ______ d. ..., cum venisset. ______
b. ..., ut legis. ______ e. ..., quis venisset. ______
c. ..., si venisset. ______ f. ..., num venturus esset. ______

2. Ringle jeweils die richtige Möglichkeit ein! 4 P.

a. Hauptsätze: Der Konjunktiv darf nicht/kann/muss übersetzt werden.
b. si-Sätze: Der Konjunktiv darf nicht/kann/muss übersetzt werden.
c. cum-Sätze: Der Konjunktiv darf nicht/kann/muss übersetzt werden.
d. indirekte Fragesätze: Der Konjunktiv darf nicht/kann/muss übersetzt werden.

3. Analysiere den ersten Satz des Textes: Gib zu jedem Satzteil an, ob es sich um einen Hauptsatz (HS) oder Gliedsatz (GS) handelt! 3 P.

Cum urbs quondam pestilentia vexaretur, Romani timebant, ne omnes interirent.

4. Gib zwei Beispiele (mit den vollständigen Formen und Übersetzungen) für lateinische Pluralwörter! 2 P.

a. ______ b. ______

5. Setze die richtigen Wörter ein! 5 P.

Die bekannteste Orakelstätte der Antike befand sich in ______. Sie war dem Gott ______ geweiht. Ratsuchende erhielten hier zuerst von der Priesterin ______ eher unverständliche Auskünfte, die dann von ______ gedeutet wurden. Alle vier Jahre fanden hier auch ______ statt.

6. Aus welchem Grund hielt sich Krösus für den glücklichsten Menschen? Warum war Solon nicht dieser Meinung? 2 P.

______

7. Welcher Rechtsgrundsatz muss vor Gericht angewendet werden, wenn die Schuld des Angeklagten nicht eindeutig festgestellt werden kann? Gib die lateinische und die deutsche Fassung an! 2 P.

______

I. ÜBERSETZUNGSTEXT (80 Wörter) 36 P.

De Diogene[1]

Diogenes[1] philosophus, cum solum homines pauperes beatos putaret, pecunia divitiisque carebat. Ne domum quidem possedit, sed ad dormiendum in dolium[2] magnum se recipere solebat.

Quodam die, cum ad fontem venisset, poculo[3] parvo, quod semper secum ferebat, bibendi causa usus est. In bibendo autem forte puerum conspexit, qui auxilio manuum aquam bibit. Qua re visa Diogenes[1] poculum[3] statim in aquam iecit clamavitque: „Hic puer mihi exemplo sit! Si eum iam prius vidissem, hoc poculum[3] non tam diu mecum portavissem."

[1] Diogenes,-is m.: „Diogenes"

[2] dolium,-i n.: „Fass"

[3] poculum,-i n.: „Becher"

II. ARBEITSAUFGABEN 24 P.

1. Bilde von den angegebenen Verba die Gerundia und setze sie im richtigen Fall ein! Übersetze die Sätze auch! 8 P.

a. Convenimus ad ____________. (ludo) ____________

b. Spes ____________ parva erat. (vinco) ____________

c. ____________ causa venio. (disputo) ____________

d. In ____________ erravisti. (scribo) ____________

2. Übersetze! (Bei einer Form gibt es zwei Möglichkeiten.) 4 P.

a. salutanti: ____________

b. salutandi: ____________

c. salutati: ____________

____

3. Finde im Text die Synonyme zu folgenden lateinischen Begriffen und zitiere diese! 2 P.

a. ferebat (Z. 5) → ____________

b. visa (Z. 6) → ____________

4. Vervollständige die folgenden Sätze! 3 P.

a. In dem Punkt war Sokrates klüger als die übrigen Menschen, dass ____________

b. Diogenes wünschte sich von Alexander dem Großen, dass ____________

c. Als einer der plündernden Soldaten zu Archimedes kam, forderte dieser ihn auf, dass ____________

5. Ringle jeweils den richtigen Namen ein! 4 P.

a. Archimedes/Diogenes/Sokrates lebte in Syrakus.

b. Archimedes/Diogenes/Sokrates wurde zum Tod verurteilt.

c. Archimedes/Diogenes/Sokrates gehörte zur Philosophenschule der Kyniker.

d. Archimedes/Diogenes/Sokrates war der Lehrer Platons.

6. Übersetze ins Lateinische: „Geld stinkt nicht." Wer tätigte diesen Ausspruch? In welchem Zusammenhang? 3 P.

____

____

I. ÜBERSETZUNGSTEXT (80 Wörter) 36 P.

De examine[1] Latino

Disciputi examinis[1] scribendi causa in scholam cucurrerunt. Timor examinis[1] apud omnes magnus erat. Sciebant enim magistrum linguae Latinae ad discipulos vexandos[2] semper examina[1] difficillima dare. In primis verbis legendis intellexerunt: „Id examen[1] omnibus prioribus examinibus difficilius est." Cum maximam operam darent, tamen fabulam Germanice reddere[3] non potuerunt. Ergo magistro persuadere studebant, ut se adiuvaret. At iste locutus est: „Facite finem querendi! Examen[1] facillimum est. Si melius didicissetis, nunc omnia sciretis." Quae verba discipulis auxilio magno non erant.

[1] examen,-inis n.: „Schularbeit"

[2] vexare 1,-avi,-atum: „quälen", „plagen"

[3] Germanice reddere 3: „ins Deutsche übersetzen"

II. ARBEITSAUFGABEN 24 P.

1. **Bilde von den angegebenen Verba die Gerundiva, setze sie in der richtigen Form ein und übersetze die Wortgruppen!** 8 P.

   a. in urbe ______________ (occupo): ______________________________

   b. matris ______________ causa (visito): ______________________________

   c. ad hostes ______________ (punio): ______________________________

   d. discipulis ______________ (laudo): ______________________________

2. **Ringle ein, ob die Aussage richtig (R) oder falsch (F) ist!** 4 P.

a. Das Partizip Präsens aktiv dient als Nominativ des Gerundiums.	R	F
b. Das Gerundium gibt es nur im Singular.	R	F
c. Das Gerundiv ist ein Nomen.	R	F
d. Gerundium und Gerundiv unterscheiden sich vor allem durch die Übersetzung.	R	F

3. **Gib die Bedeutung der Fremdwörter an und erkläre, wovon sie sich ableiten!** 6 P.

	Bedeutung des Fremdwortes	lat. Grundwort + Formen
a. evakuieren		
b. senil		
c. Genie		

4. **Was versteht man in der Sprachwissenschaft unter „Assimilation"? Erkläre den Begriff anhand des Wortes „alloquor"!** 2 P.

   ____

   ____

5. **Wodurch erlangte Herostrat Berühmtheit?** 1 P.

   ____

6. **Welches der sieben antiken Weltwunder war in Europa zu bewundern, welche beiden in Afrika?** 3 P.

   a. in Europa: ____

   b. in Afrika: ____

I. ÜBERSETZUNGSTEXT (81 Wörter) 36 P.

De morte Socratis[1]

Socrates[1], cum sua arte disputandi parvam esse scientiam plurimorum hominum demonstravisset, capitis damnatus est. Hoc iudicio audito uxor magno cum dolore clamavit: „Innocens[2] morieris!" Socrates[1] ei respondisse dicitur: „Num gauderes, si nocens[3] interirem?" Eius amici autem interim decreverant: „Socrates[1] nobis liberandus est!" Itaque celeriter ad hunc senem clarum iuvandum in carcerem[4] se contulerunt. Quibus hortantibus, ut fugeret, Socrates[1] locutus est: „Semper legibus parui. Cum sine culpa sim, tamen, si fugerem, leges neglegerem. Melius est iniuriam tolerare quam committere."

[1] Socrates,-is m.: „Sokrates"

[2] innocens,-entis: „unschuldig"

[3] nocens,-entis: „schuldig"

[4] carcer,-eris m.: „Gefängnis"

II. ARBEITSAUFGABEN 24 P.

1. Übersetze! 8 P.

a. ad adspiciendum: ____________________

b. in templis adspiciendis: ____________________

c. templa adspicienda sunt: ____________________

d. templa mihi adspicienda sunt: ____________________

2. Bilde von den angegebenen Verba die Gerundiva und setze sie in der richtigen Form ein! Übersetze die Sätze auch! 4 P.

a. Obsides ____________ sunt. (do) = ____________

b. Mater mihi ____________ est. (iuvo) = ____________

3. Analysiere den vorletzten Satz des Textes und gib jeweils an, ob es sich um einen Hauptsatz (HS) oder Gliedsatz (GS) handelt! 4 P.

Cum sine culpa sim, tamen, si fugerem, leges neglegerem.

4. Was versteht man unter ... 2 P.

a. ... dem Goldenen Latein? ____________________

b. ... dem Vulgärlatein? ____________________

5. a. Übersetze ins Lateinische: „Im Übrigen bin ich der Meinung, dass Karthago zerstört werden muss." 2 P.

____

b. Wer tätigte diesen Ausspruch? In welchem Zusammenhang? 2 P.

____

6. Die Bedeutung der folgenden neulateinischen Begriffe kannst du dir leicht selbst herleiten. Was bedeutet also ... 2 P.

a. ... „epistula electronica"? ____________________

b. ... „navis subaquanea"? ____________________

Die folgenden zehn Texte sollen dir helfen, nach dem Abschluss des Grammatikunterrichts auch das **Übersetzen von Originaltexten** zu trainieren. Bei diesen Texten musst du – im Gegensatz zum Anfangsunterricht – mehr oder weniger alle Grammatikkapitel parat haben. Beachte die thematische Aufteilung:

- TEXTE 1–5 (S. 68–70): fünf Texte zum Einstiegsmodul **„Schlüsseltexte aus der europäischen Geistes- und Kulturgeschichte"** für L4 (vierjähriges Latein)
- TEXTE 6–10 (S. 70–72): fünf Texte zum Einstiegsmodul **„Gestalten und Persönlichkeiten aus Mythologie und Geschichte"** für L6 (sechsjähriges Latein)

Natürlich kannst du auch die Texte zum jeweils anderen Thema übersetzen – so stehen dir insgesamt **zehn Texte** zur Verfügung, die du als Vorbereitung auf die ersten Originallektüre-Schularbeiten verwenden kannst.

Für alle Texte gilt übrigens: Du kannst (und sollst) beim Übersetzen bereits das **Wörterbuch** benützen; als Fußnoten angegeben sind nur besonders selten vorkommende Vokabel bzw. Wörter, die an der betreffenden Stelle eine spezielle Bedeutung haben.

TEXT 1: DIE SUEBEN (Cäsar; 81 Wörter) L4[1]

Grammatik-Schwerpunkte: Gerundium, NCI

Cäsar beschreibt in seinen „Commentarii de bello Gallico" den germanischen Stamm der Sueben:

Sueborum gens est maxima et bellicosissima Germanorum omnium. Hi centum pagos habere dicuntur, ex quibus quotannis singula milia[1] armatorum[2] bellandi causa suis ex finibus educunt. Reliqui, qui domi manserunt, se atque illos alunt. Hi rursus invicem[3] anno post in armis sunt, illi domi remanent. Sic neque agricultura nec usus belli intermittitur[4]. Neque multum frumento, sed maximam partem[5] lacte atque pecore vivunt multumque sunt in venationibus. Quae res et cibi genere et cotidiana exercitatione vires alit et homines immani[6] corporum magnitudine efficit.

[1] singula milia n.: „je eintausend"
[2] armatus,-i m.: „Bewaffneter", „Krieger"
[3] invicem: „abwechselnd"
[4] intermittere 3: „unterbrechen"
[5] maximam partem: „größtenteils"
[6] immanis/e: „gewaltig"

TEXT 2: MARK AURELS GERMANENKRIEGE (Eutrop; 80 Wörter) L4[1]

Grammatik-Schwerpunkte: Ablative, Abl. abs., cum-Sätze, doppelter Akkusativ

Da immer wieder germanische Stämme ins römische Reich einfielen, sah sich Kaiser Mark Aurel zu einem Krieg an der Nordgrenze des Reichs gezwungen:

Ergo provincias ingenti moderatione[1] ac benignitate tractavit. Contra Germanos res feliciter gessit. Ipse bellum Marcomannicum cum[2] virtute tum[2] felicitate transegit, et eo quidem tempore, quo pestilentia gravis multa milia et popularium[3] et militum interemerat. Pannoniam ergo – Marcomannis, Sarmatis, Vandalis, simul etiam Quadis extinctis – servitio liberavit et Romae cum Commodo filio suo, quem iam Caesarem[4] fecerat, triumphavit.

Cum autem ad hoc bellum omne aerarium[5] exhausisset, in foro divi Traiani auctionem ornamentorum[6] imperialium[7] fecit. Instante[8] sane[9] adhuc pestilentia deorum cultum diligentissime restituit.

[1] moderatio,-onis f.: „Zurückhaltung", „Besonnenheit"
[2] cum ... tum: „sowohl ... als auch"
[3] popularis,-is m.: „Einwohner"
[4] Caesar,-aris m.: hier: „(Mit-)Kaiser"
[5] aerarium,-i n.: „Staatskasse"
[6] ornamentum,-i n.: „Schmuckstück"
[7] imperialis/e: „kaiserlich"
[8] instare 1: „wüten"
[9] sane (Adv.): „heftig"

1 Die Übersetzungstexte beziehen sich auf das Einstiegsmodul „Schlüsseltexte aus der europäischen Geistes- und Kulturgeschichte".

TEXT 3: DER HEILIGE SEVERIN (Eugipp; 81 Wörter)

L4[1]

Grammatik-Schwerpunkte: Ablative, Konjunktive, ACI, PC, Abl. abs.

Severin, der den Bewohnern der Provinz Norikum schon oft tatkräftig zur Seite gestanden ist, kann auch helfen, als in der Stadt Favianis eine Hungersnot herrscht:

Eodem tempore civitatem nomine Favianis saeva fames oppresserat[1]. Cuius habitatores unicum sibi remedium[2] fore[3] crediderunt, si ex oppido Comagenis[4] hominem Dei religiosis precibus invitarent. Ille a Domino, ut cum iis pergeret, monitus est. Quo[5] cum venisset, beatissimus Severinus divina revelatione cognovit quandam viduam nomine Proculam fruges plurimas occultavisse. Quam in medium[6] productam arguit vehementer. „Cur", inquit, „cupiditatis te praebes[7] ancillam et exstas[8] avaritiae mancipium[8], quae est servitus idolorum[9]?"
Quibus verbis auditis mulier magno pavore perterrita coepit servata frumenta libenter erogare pauperibus.

[1] opprimere 3,-pressi,-pressum: „plagen"
[2] remedium,-i n.: „Rettung", „Abhilfe"
[3] fore = futurum esse
[4] Comagenis (nicht deklinierbar): „die Stadt Comagenis" (heute: Tulln)
[5] quo: „dorthin" (gemeint ist Favianis)
[6] in medium: „in die Öffentlichkeit"
[7] se praebere 2 (+ Akk.): „sich erweisen (als ...)"
[8] mancipium exstare: „sich als Sklavin zeigen"
[9] servitus (-utis f.) idolorum: „Götzendienst" (gemeint ist die Verehrung heidnischer Götter)

TEXT 4: DER HEILIGE NIKOLAUS (Legenda Aurea; 88 Wörter)

L4[1]

Grammatik-Schwerpunkte: ACI, ut-Sätze, cum-Sätze

Der heilige Nikolaus lebte im 3./4. Jh. in Kleinasien in der römischen Provinz Lykien. Immer wieder kam er notleidenden Menschen zu Hilfe:

Quodam tempore totam provinciam Sancti Nicolai fames valida[1] perculit[2], ita ut omnibus deficerent[3] alimenta. Audiens autem vir Dei naves tritico onustas portui applicavisse[4], illuc statim proficiscitur. Rogavit nautas, ut saltem centum modiis[5] fame periclitantibus[6] subvenirent. Cui illi: „Non audemus, pater. Triticum mensuratum est Alexandriae[7]; oportet nos totum frumentum in horrea imperatoris reddere[8]." Quibus Sanctus dixit: „Facite nunc, quod dico, et vobis promitto, quod[9] nullam minorationem[10] habebitis."
Quod cum fecissent et eandem mensuram, quam Alexandriae[7] acceperant, reddidissent[8] ministris imperatoris, miraculum rettulerunt et Deum laudaverunt. Frumentum autem vir Dei distribuit.

[1] validus/a/um: „heftig", „schlimm"
[2] percellere 3,-culi,-culsum: „plagen"
[3] deficere M: „ausgehen", „zu fehlen beginnen"
[4] portui applicare 1: „im Hafen anlegen"
[5] modius,-i m.: „Scheffel" (ein Getreidemaß, ca. 9 Liter)
[6] periclitari 1 (+ Abl.): „leiden (an)"
[7] Alexandriae: „in Alexandria" (Stadt in Ägypten)
[8] reddere 3: hier: „abliefern"
[9] quod: hier = „dass" (statt ACI)
[10] minoratio,-onis f.: „Verlust"

1 Die Übersetzungstexte beziehen sich auf das Einstiegsmodul „Schlüsseltexte aus der europäischen Geistes- und Kulturgeschichte".

TEXT 5: DIE INDIOS (Columbus; 82 Wörter)

L4[1]

Grammatik-Schwerpunkte: ACI, indirekte Fragesätze, NCI

Auf der Rückreise aus der Karibik schreibt Christoph Kolumbus seine Eindrücke nieder und beschreibt auch die Sitten der Ureinwohner:

In omnibus his insulis, ut intellexi, quisque uni tantum[1] coniugi acquiescit[2] praeter principes aut reges, quibus viginti habere licet.
Feminae magis quam viri laborare videntur.
Nec bene potui intellegere, an habeant bona[3] propria. Vidi enim id, quod unus habebat, aliis impartiri, praesertim dapes[4], obsonia[5] et huiusmodi.
Nullum apud eos monstrum repperi, ut plerique existimabant, sed homines magnae reverentiae atque benignos.
Nec sunt nigri velut Aethiopes. Habent crines planos[6] ac demissos[7]. Non degunt[8], ubi solaris emicat[9] calor. Permagna namque hic est solis vehementia.

[1] tantum (Adv.): „nur"
[2] acquiescere 3,-quievi (+ Dat.): „schlafen (bei)"
[3] bona,-orum n.: „Güter", „Besitz"
[4] daps, dapis f.: „Speise"
[5] obsonium,-i n.: „Fleisch"
[6] planus/a/um: „glatt"
[7] demissus/a/um: Adjektiv!
[8] degere 3: „sich aufhalten"
[9] emicare 1: „strahlen", „glühen"

Die folgenden Texte 6 bis 10 beziehen sich auf das Einstiegsmodul **„Gestalten und Persönlichkeiten aus Mythologie und Geschichte"** für das sechsjährige Latein (L6).

TEXT 6: JOSEPH MACHT KARRIERE (Genesis; 88 Wörter)

L6[2]

Grammatik-Schwerpunkte: Futur, Abl. abs.

Joseph, der in Ägypten in Gefangenschaft ist, hat dem Pharao einen Traum richtig gedeutet und ihm einen guten Rat gegeben. So steigt er wieder in der Achtung des Pharaos:

Placuit Pharaoni[1] consilium et cunctis ministris eius. Locutusque est ad eos: „Num invenire poterimus talem virum, qui spiritu Dei plenus est?" Tum dixit ad Ioseph: „Quia ostendit Deus tibi omnia, quae locutus es, tu eris super[2] domum meam, et ad tui oris imperium cunctus populus oboediet!"
Tulit[3]que anulum de manu sua et dedit in manu[4] eius vestivitque eum stola byssina[5] et collo torquem auream circumdedit. Fecit[6]que eum ascendere super currum suum, clamante praecone: „Abrech![7]", ut omnes coram eo genu flecterent et scirent illum praepositum[8] esse universae terrae Aegypti.

[1] Pharao,-onis m.: „der Pharao"
[2] esse super: „herrschen über"
[3] ferre, tuli, latum: hier = „nehmen"
[4] in manu = in manum
[5] byssinus/a/um: „aus feinem Leinen"
[6] fecit = iussit
[7] abrech!: „Auf die Knie!"
[8] praepositus,-i m.: „Oberaufseher"

1 Die Übersetzungstexte beziehen sich auf das Einstiegsmodul „Schlüsseltexte aus der europäischen Geistes- und Kulturgeschichte".
2 Die Übersetzungstexte beziehen sich auf das Einstiegsmodul „Gestalten und Persönlichkeiten aus Mythologie und Geschichte".

TEXT 7: DIE FLUCHT DES THEMISTOKLES (Nepos; 84 Wörter) L6[1]

Grammatik-Schwerpunkte: Abl. abs., ut-Sätze, PC, ACI

Themistokles, der den Perserkönig Xerxes in der Schlacht bei Salamis besiegt hatte, ist bei den Athenern in Ungnade gefallen. In einem Brief an dessen Sohn Artaxerxes bittet Themistokles um Aufnahme bei seinen einstigen Feinden:

„Veni ad te, qui[1] plurima mala[2] omnium Graecorum in domum tuam intuli, quamdiu mihi necesse fuit adversum[3] patrem tuum bellare patriamque meam defendere. Idem[4] plura bona[5] feci, postquam in tuto ipse esse coepi et ille in periculo esse coepit.

Nam cum in Asiam reverti vellet proelio apud Salamina[6] facto,
litteris eum certiorem feci
    id agi[7],
        ut pons, quem in Hellesponto fecerat, dissolveretur
            atque (ipse) ab hostibus circumiretur.

Quo nuntio ille[8] periculo est liberatus. Nunc autem confugi ad te exagitatus a cuncta Graecia, tuam petens amicitiam.

[1] qui: „der ich…"
[2] mala,-orum, n. (Pl.): „Unheil"
[3] adversum: Präposition!
[4] idem: „ebenso"
[5] bona,-orum n. (Pl.): „Gutes"
[6] Salamina: „Salamis" (Akk. Sg., griech. Deklinationsform)
[7] agere: hier: „planen"
[8] ille: gemeint ist Xerxes

TEXT 8: DAS ENDE DES HANNIBAL (Nepos; 99 Wörter) L6[1]

Grammatik-Schwerpunkte: ut-Sätze, ACI, Konjunktiv im Hauptsatz, Deponentia

Nach der Niederlage Karthagos im 2. Punischen Krieg muss Hannibal nach Kleinasien fliehen. Unterschlupf findet er u.a. bei König Prusias von Bithynien. Im Jahr 183 kommt allerdings ein römischer Gesandter zu Prusias und verlangt Hannibals Auslieferung:

Ad Prusiam[1] regem legatus T. Quinctius Flamininus venit. Milites regii extemplo ad domum Hannibalis custodiendam missi sunt.

Hannibal, ut iter semper aliquod praeparatum fugae haberet, septem exitus e domo fecerat. Sed milites totius circuitum[2] domus ita custodiis complexi sunt, ut nemo inde elabi posset.

Hannibal, postquam est nuntiatum milites regios in vestibulo esse, postico[3], quod devium maxime erat, fugere conatus est; ubi id quoque occursu[4] militum clausum esse sensit, venenum, quod multo ante praeparatum ad tales habebat casus, poposcit. „Liberemus" inquit „diuturna cura populum Romanum, quando[5] mortem senis[6] exspectare longum censent[7]." Deinde poculum exhausit. Hic vitae exitus fuit Hannibalis.

[1] Prusias,-ae m.: „Prusias" (König von Bithynien)
[2] circuitus,-us m.: „Umfang", „Umgebung"
[3] posticum,-i n.: „Hinterausgang"
[4] occursus,-us m.: „das Herbeieilen"
[5] quando: kausal!
[6] senis: damit meint Hannibal sich selbst
[7] longum censere 2: „für zu langwierig halten"

1 Die Übersetzungstexte beziehen sich auf das Einstiegsmodul „Gestalten und Persönlichkeiten aus Mythologie und Geschichte".

TEXT 9: DER ZORN DES ACHILL (Hygin; 87 Wörter) L6[1]

Grammatik-Schwerpunkte: Abl. abs., cum-Sätze

Während des Trojanischen Kriegs führt eine Privatfehde zwischen den beiden Griechen Agamemnon und Achilles fast zu einem Umschwung im Krieg:

Agamemnon Briseidam[1], quam Achilles ceperat, ab Achille abduxit. Quam ob iram Achilles in proelium non prodibat, sed cithara in tabernaculo se exercebat. Cum Argivi[2] ab Hectore fugarentur, Achilles a Patroclo obiurgatus[3] arma sua ei tradidit.
Postea ipse Patroclus ab Hectore interficitur, armaque eius sunt detracta Patroclo occiso. Achilles cum Agamemnone redit in gratiam[4] Briseidamque[1] ei reddidit[5].
Cum Achilles contra Hectorem inermis prodisset, Thetis mater a Vulcano[6] arma ei impetravit[7], quae Nereïdes[8] per mare attulerunt. Quibus armis ille Hectorem occidit astrictumque[9] ad currum traxit circa muros Troianorum.

[1] Briseida,-ae: „Briseis" (eine Trojanerin)
[2] Argivi,-orum m. = Graeci,-orum m.
[3] obiurgare 1: „kritisieren"
[4] gratia,-ae f. = amicitia,-ae f.
[5] reddidit: Subjekt ist jetzt Agamemnon
[6] Vulcanus,-i m.: „Vulkan" (Gott der Schmiedekunst)
[7] impetrare 1: „beschaffen"
[8] Nereïdes,-um f.: „die Nereiden" (Meeresnymphen)
[9] astringere 3,-strinxi, -strictum: „festbinden"

TEXT 10: DAS TROJANISCHE PFERD (Hygin; 78 Wörter) L6[1]

Grammatik-Schwerpunkte: cum-Sätze, ACI

Die Entscheidung im Trojanischen Krieg fällt im zehnten Kriegsjahr:

Cum Achivi[1] per decem annos Troiam capere non possent, Epeus[2] monitu Minervae equum ligneum mirae magnitudinis fecit et in equo scripserunt: DANAI[3] MINERVAE DONANT.
Id Troiani cum viderunt, arbitrati sunt hostes abisse; Priamus equum in urbem duci imperavit.
Cum vates Cassandra vociferaretur inesse hostes, fides ei habita[4] non est.
Quem cum in arcem statuissent et ipsi noctu vino lassi obdormivissent[5], Achivi[1] ex equo a Sinone[6] aperto exierunt et portarum custodes occiderunt sociosque signo dato receperunt[7] et Troiam expugnaverunt.

[1] Achivi,-orum m. = Graeci,-orum m.
[2] Epeus,-i m.: „Epeios" (Baumeister der Griechen)
[3] Danai,-orum m.: „die Griechen"
[4] fidem habere: „Glauben schenken"
[5] obdormire 4: „einschlafen"
[6] Sinon,-onis m.: „Sinon" (ein griechischer Kämpfer)
[7] recipere M,-cepi: hier: „hereinlassen"

1 Die Übersetzungstexte beziehen sich auf das Einstiegsmodul „Gestalten und Persönlichkeiten aus Mythologie und Geschichte".

I. ÜBERSETZUNGSTEXT

36 P.

Übersetze den folgenden lateinischen Text in die Unterrichtssprache! Achte darauf, dass deine Übersetzung den Inhalt des Originals wiedergibt und sprachlich korrekt formuliert ist!

Der römische Historiker Tacitus berichtet darüber, wie bei den „unzivilisierten" Germanen die Frauen leben:

Quamquam severa illic matrimonia (sunt), nullam morum partem magis laudaveris[1]. Nam prope soli[2] barbarorum singulis uxoribus contenti sunt, exceptis paucis, qui non libidine, sed ob nobilitatem pluribus nuptiis ambiuntur[3]. (...)
(Feminae) saepta[4] pudicitia vivunt, nullis spectaculis, nullis conviviis corruptae. Paucissima in illa gente adulteria (sunt); quorum poena praesens[5] et maritis permissa (est): Abscisis[6] crinibus nudatam (uxorem) expellit domo maritus ac per omnem vicum verbere[7] agit. Publicatae[8] enim pudicitiae nulla venia (est): Non forma, non aetate, non opibus maritum invenire potest[9].

[1] laudaveris: „man könnte loben"
[2] soli: „als Einzige"
[3] nuptiis ambiri: „mit Hochzeitsanträgen umworben werden"
[4] saeptus/a/um: „wohlbehütet"
[5] praesens,-entis: „sofortig"
[6] abscidere 3,-cidi,-cisum: „abschneiden"
[7] verbere: „mit Schlägen"
[8] publicatus/a/um: „verloren gegangen" (übersetze den Dativ mit „für"!)
[9] potest: ergänze als Subj. „eine (solche) Frau"

II. INTERPRETATIONSTEXT

18 P. [2]

Der folgende Interpretationstext ist Grundlage für die Lösung der Arbeitsaufgaben. Lies zuerst sorgfältig die Aufgabenstellungen und löse diese dann auf der Basis des Interpretationstextes!

Noch vor seinem Aufenthalt in Ägypten bekommt Joseph von seinem Vater den Auftrag, nach seinen Brüdern und deren Herden zu sehen. Josefs Brüder aber hassen ihn, weil er einst einen Traum hatte, in dem sich seine Familie vor ihm verneigte. Nun wollen sie ihren verhassten Bruder loswerden:

Fratres cum vidissent eum, cogitaverunt eum occidere. Et loquebantur dicentes: „Ecce, somniator[1] venit. Venite! Occidamus eum! Dicemusque: Fera pessima devoravit eum." Confestim igitur nudaverunt Joseph tunica miseruntque eum in cisternam[2], quae non habebat aquam. Dixit autem unus e fratribus: „Quid nobis prodest, si occiderimus fratrem nostrum? Melius est, ut vendatur et manus nostrae non polluantur." Et vendiderunt eum viginti argenteis[3].

[1] somniator,-oris m.: „Träumer"
[2] cisterna,-ae f.: „Zisterne" (unterirdischer Wasserbehälter)
[3] argenteus,-i m.: „Silbermünze"

1. Wähle aus den gegebenen Möglichkeiten die richtige Übersetzung durch Ankreuzen aus! Nur eine Antwort ist jeweils korrekt!

3 P.

cum vidissent (Z. 1) heißt:		*dicemus* (Z. 2) heißt:		*ut vendatur* (Z. 6) heißt:	
„als sie sahen"	☐	„wir sagen"	☐	„dass er verkauft wird"	☐
„als sie gesehen hatten"	☐	„wir werden sagen"	☐	„damit er verkauft wird"	☐
„weil sie sahen"	☐	„wir sollen sagen"	☐	„sodass er verkauft wird"	☐
„obwohl sie gesehen hatten"	☐	„wir würden sagen"	☐	„wie er verkauft wird"	☐

1 Im 4-jährigen Latein erfolgt im 4. Semester (= 2. Semester der 6. Klasse) der Einstieg in die Originallektüre. Die vorliegende Probeschularbeit ist als zweistündige Schularbeit konzipiert (max. Wortanzahl 130 Wörter: ÜT 70–90 W., IT 40–60 W.).

2 Für die IT-Fragen ist üblicherweise auch eine Frage zum modulbezogenen Umfeld (= zum Inhalt des Unterrichts der vorangegangenen Wochen) im Umfang von max. 6 Punkten möglich. Da diese hier entfallen muss, ist die Punkteanzahl für diese Probeschularbeit mit 18 Punkten begrenzt.

2. **Finde im Interpretationstext zu den folgenden alphabetisch aufgelisteten Fremd- bzw. Lehnwörtern jeweils ein sprachlich verwandtes lateinisches Wort (Substantiv, Adjektiv, Verb oder Adverb) und zitiere dieses in der rechten Tabellenspalte!** 4 P.

Fremdwort	lat. Textzitat
Diktat	
Missionar	
Pessimist	
Nudist	

3. **Ergänze die folgenden Satzteile dem Inhalt des IT entsprechend zu einem vollständigen deutschen Satz.** 2 P.

Bevor die Brüder Joseph in eine Zisterne werfen, ____________________ sie ihn.

Sie töten Joseph nicht, weil ____________________.

4. **Gliedere den Interpretationstext in vier Abschnitte und begründe deine Entscheidung anhand von Stichworten! Gib in der linken Tabellenspalte das erste und letzte Wort eines jeden Abschnittes an und formuliere deine Begründung in der rechten Tabellenspalte!** 4 P.

Textabschnitt	Begründung (sprachlich / inhaltlich): Es handelt sich um einen eigenen Abschnitt, weil ...
Abschnitt 1: von bis	
Abschnitt 2: von bis	
Abschnitt 3: von bis	
Abschnitt 4: von bis	

5. **Überprüfe die Richtigkeit der Aussagen anhand des Interpretationstextes! Kreuze entweder „richtig" oder „falsch" an!** 2 P.

a. Die Brüder wollen ihren Bruder von einem wilden Tier zerfleischen lassen.	R	F
b. Joseph wird ins Wasser geworfen.	R	F
c. Ein Argument für Josephs Verkauf ist, dass sich die Brüder ihre Hände nicht beschmutzen wollen.	R	F
d. Joseph bekommt 20 Silbermünzen.	R	F

6. **Fasse ausgehend von den folgenden Leitfragen den Inhalt des Interpretationstextes zusammen! Antworte in ganzen Sätzen (insgesamt max. 60 Wörter)!** 3 P.

a. Worin besteht der ursprüngliche Plan der Brüder?

b. Wie glauben die Brüder dieses zunächst geplante Verbrechen verbergen zu können?

c. Durch welche Überlegung rücken sie von ihrem ursprünglichen Plan ab?